ŒUVRES COMPLÈTES

DE

M. EUGÈNE SUE.

LES MYSTÈRES DE PARIS.

Ouvrages nouveaux de M. Eugène Sue,
QUI SE TROUVENT A LA MÊME LIBRAIRIE.

LATRÉAUMONT, 2 vol. in-8°.
ARTHUR, 4 vol. in-8°.
DELEYTAR, 2 vol. in-8°.
LE MARQUIS DE LÉTORIÈRE, 1 vol. in-8°.
JEAN CAVALIER, ou LES FANATIQUES DES CÉVENNES, 4 vol. in-8°.
DEUX HISTOIRES : HERCULE-HARDI ET LE COLONEL SURVILLE, 1772—1810, 2 vol. in-8°.
LE COMMANDEUR DE MALTE, histoire maritime du temps de Louis XIII, 2 vol. in-8°.
MATHILDE, MÉMOIRES D'UNE JEUNE FEMME, 6 vol. in-8°.
LE MORNE-AU-DIABLE, 2 volumes in-8°.
THÉRÈSE DUNOYER, 2 vol. in-8°.
LES MYSTÈRES DE PARIS, parties I à IV, 4 vol. in-8°.
PAULA MONTI ou L'HÔTEL LAMBERT, 2 vol. in-8°.

Ouvrages de M. Eugène Sue
FAISANT PARTIE DE LA BIBLIOTHÈQUE D'ÉLITE.

LA SALAMANDRE, 1 vol. in-18, papier jésus vélin.
PLICK ET PLOCK, Nouvelles maritimes, 1 vol. in-18, papier jésus vélin.
ATAR GULL, Nouvelles maritimes, 1 vol. in-18, papier jésus vélin.
ARTHUR, 2 vol. in-18, papier jésus vélin.
LA COUCARATCHA, 2 vol. in-18, papier jésus vélin.
LA VIGIE DE KOAT-VEN, 2 vol. in-18, papier jésus vélin.

Paris. Imprimé par Béthune et Plon.

LES MYSTÈRES DE PARIS.

Par **EUGÈNE SUE**,

AUTEUR DE MATHILDE.

CINQUIÈME SÉRIE.

Deuxième édition.

PARIS.
LIBRAIRIE DE CHARLES GOSSELIN,
Éditeur de la Bibliothèque d'Élite.
30, RUE JACOB.
MDCCCXLIII.

LES MYSTÈRES DE PARIS.

CINQUIÈME PARTIE.

CHAPITRE PREMIER.

DÉNONCIATION.

Le jour de l'enlèvement de Fleur-de-Marie par la Chouette et par le Maître d'école, un homme à cheval était arrivé, vers dix heures du soir à la métairie de Bouqueval, venant, disait-il, de la part de M. Rodolphe, rassurer madame Georges sur la disparition de sa jeune protégée, qui lui serait ramenée d'un jour à l'autre. Pour plusieurs raisons très-importantes, ajoutait cet homme, M. Rodolphe priait madame Georges, dans le cas où elle aurait quelque chose à lui mander, de ne pas lui écrire à Paris, mais de remettre une lettre à l'exprès, qui s'en chargerait.

Cet émissaire appartenait à Sarah.

Par cette ruse, elle tranquillisait madame Georges et retardait ainsi de quelques jours le moment où Rodolphe apprendrait l'enlèvement de la Goualeuse.

Dans cet intervalle, Sarah espérait forcer le notaire Jacques Ferrand à favoriser l'indigne supercherie (la supposition d'enfant) dont nous avons parlé.

Ce n'était pas tout...

Sarah voulait aussi se débarrasser de madame d'Harville, qui lui inspirait des craintes sérieuses, et qu'une fois déjà elle eût perdue sans la présence d'esprit de Rodolphe.

Le lendemain du jour où le marquis avait suivi sa femme dans la maison de la rue du Temple, Tom s'y rendit, fit facilement jaser madame Pipelet, et apprit qu'une jeune dame, sur le point d'être surprise par son mari, avait été sauvée, grâce à l'adresse d'un locataire de la maison nommé M. Rodolphe.

Instruite de cette circonstance, Sarah ne

possédant aucune preuve matérielle des rendez-vous que Clémence avait donnés à M. Charles Robert, Sarah conçut un autre plan odieux : il se réduisait encore à envoyer l'écrit anonyme suivant à M. d'Harville, afin d'amener une rupture complète entre Rodolphe et le marquis, ou du moins de jeter dans l'âme de ce dernier des soupçons assez violents pour qu'il défendît à sa femme de recevoir jamais le prince.

Cette lettre était ainsi conçue :

« On vous a indignement joué ; l'autre jour votre femme, avertie que vous la suiviez, a imaginé un prétexte de bienfaisance imaginaire : elle allait à un rendez-vous chez un *très-auguste personnage* qui a loué dans la maison de la rue du Temple une chambre au quatrième étage, sous le nom de *Rodolphe*. Si vous doutez de ces faits, si bizarres qu'ils vous paraissent, allez rue du Temple, n° 17 ; informez-vous ; dépeignez les traits de l'*auguste personnage* dont on vous parle, et vous reconnaîtrez facilement que vous êtes le mari le plus crédule et le plus débonnaire qui ait jamais été *souverainement* trompé. Ne négligez pas cet avis... sinon l'on pourrait croire que vous êtes aussi par trop... l'*ami du prince*. »

Ce billet fut mis à la poste sur les cinq heures par Sarah, le jour de son entretien avec le notaire.

Ce même jour, après avoir recommandé à M. de Graün de hâter le plus possible l'arrivée de Cécily à Paris, Rodolphe sortit le soir pour aller faire une visite à madame l'ambassadrice de ***; il devait ensuite se rendre chez madame d'Harville pour lui annoncer qu'il avait trouvé une *intrigue charitable* digne d'elle.

Nous conduirons le lecteur chez madame d'Harville. On verra, par l'entretien suivant, que cette jeune femme, en se montrant généreuse et compatissante envers son mari qu'elle avait jusqu'alors traité avec une froideur extrême, suivait déjà les nobles conseils de Rodolphe.

Le marquis et sa femme sortaient de table ; la scène se passait dans le petit salon dont nous avons parlé, l'expression des traits de Clémence était affectueuse et douce, M. d'Harville semblait moins triste que d'habitude.

Hâtons-nous de dire que le marquis n'avait pas encore reçu la nouvelle et infâme lettre anonyme de Sarah.

— Que faites-vous ce soir? — dit-il machinalement à sa femme.

— Je ne sortirai pas... Et vous-même, que faites-vous?

— Je ne sais... — répondit-il avec un soupir; — le monde m'est insupportable... Je passerai cette soirée... comme tant d'autres soirées... seul.

— Pourquoi seul?... puisque je ne sors pas.

M. d'Harville regarda sa femme avec surprise?

— Sans doute... mais...

— Eh bien?

— Je sais que vous préférez souvent la solitude, lorsque vous n'allez pas dans le monde...

— Oui, mais comme je suis très-capricieuse — dit Clémence en souriant — aujourd'hui j'aimerais beaucoup à partager ma solitude avec vous... si cela vous était agréable.

— Vraiment? — s'écria M. d'Harville avec émotion. — Que vous êtes aimable, d'aller ainsi au-devant d'un désir que je n'osais vous témoigner!

— Savez-vous, mon ami, que votre étonnement a presque l'air d'un reproche?

— Un reproche?.. oh! non, non! mais après mes injustes et cruels soupçons de l'autre jour, vous trouver si bienveillante, c'est, je l'avoue, une surprise pour moi, mais la plus douce des surprises.

— Oublions le passé — dit-elle à son mari avec un sourire d'une douceur angélique.

— Clémence, le pourrez-vous jamais? — répondit-il tristement — n'ai-je pas osé vous soupçonner?.. Vous dire à quelles extrémités m'aurait poussé une aveugle jalousie... mais qu'est-ce que cela, auprès d'autres torts plus grands, plus irréparables.

— Oublions le passé, vous dis-je — reprit Clémence en contenant une émotion pénible.

— Qu'entends-je?.. ce passé-là aussi, vous pourriez l'oublier?..

— Je l'espère...

— Il serait vrai! Clémence... vous seriez assez généreuse!.. Mais non, non, je ne puis croire à un pareil bonheur; j'y avais renoncé pour toujours.

— Vous aviez tort, vous le voyez.

— Quel changement, mon Dieu! est-ce un rêve?... oh! dites-moi que je ne me trompe pas...

— Non... vous ne vous trompez pas...

— En effet, votre regard est moins froid...; votre voix presque émue... Oh! dites! est-ce donc bien vrai?.. Ne suis-je pas le jouet d'une illusion?

— Non... car moi aussi j'ai besoin de pardon...

— Vous?

— Souvent n'ai-je pas été à votre égard dure, peut-être même cruelle? Ne devais-je pas songer qu'il vous aurait fallu un rare courage, une vertu plus qu'humaine, pour agir autrement que vous ne l'avez fait?.. Isolé, malheureux... comment résister au désir de chercher quelques consolations dans un mariage qui vous plaisait!.. Hélas! quand on souffre, on est si disposé à croire à la générosité des autres!.. Votre tort a été jusqu'ici de compter sur la mienne... Eh bien! désormais, je tâcherai de vous donner raison.

— Oh! parlez..... parlez encore — dit M. d'Harville les mains jointes, dans une sorte d'extase.

— Nos existences sont à jamais liées l'une à l'autre... Je ferai tous mes efforts pour vous rendre la vie moins amère.

— Mon Dieu!.. mon Dieu!.. Clémence, est-ce vous que j'entends?..

— Je vous en prie, ne vous étonnez pas ainsi... Cela me fait mal... c'est une censure amère de ma conduite passée... Qui donc vous plaindrait, qui donc vous tendrait une main amie et secourable... si ce n'est moi?.. Une bonne inspiration m'est venue... J'ai réfléchi, bien réfléchi sur le passé, sur l'avenir... J'ai reconnu mes torts, et j'ai trouvé, je crois, le moyen de les réparer...

— Vos torts, pauvre femme?

— Oui, je devais le lendemain de mon mariage en appeler à votre loyauté, et vous demander franchement de nous séparer.

— Ah! Clémence!.. pitié!.. pitié!..

— Sinon, puisque j'acceptais ma position,

il me fallait l'agrandir par le dévouement, au lieu d'être pour vous un reproche incessant par ma froideur hautaine et silencieuse. Je devais tâcher de vous consoler d'un effroyable malheur, ne me souvenir que de votre infortune. Peu à peu je me serais attachée à mon œuvre de commisération ; en raison même des soins, peut-être des sacrifices qu'elle m'eût coûtés, votre reconnaissance m'eût récompensée, et alors... Mais, mon Dieu ! qu'avez-vous ?.. vous pleurez !

— Oui, je pleure, je pleure avec délices: vous ne savez pas tout ce que vos paroles remuent en moi d'émotions nouvelles... Oh ! Clémence ! laissez-moi pleurer !... Jamais plus qu'en ce moment je n'ai compris à quel point j'ai été coupable en vous enchaînant à ma triste vie !

— Et jamais, moi, je ne me suis sentie plus décidée au pardon. Ces douces larmes que vous versez me font connaître un bonheur que j'ignorais. Courage donc, mon ami ! courage ! à défaut d'une vie radieuse et fortunée, cherchons notre satisfaction dans l'accomplissement des devoirs sérieux que le sort nous impose. Soyons-nous indulgents l'un à l'autre; si nous faiblissons, regardons le berceau de notre fille, concentrons sur elle toutes nos affections, et nous aurons encore quelques joies mélancoliques et saintes.

— Un ange... c'est un ange !.. — s'écria M. d'Harville en joignant les mains et en contemplant sa femme avec une admiration passionnée. — Oh ! vous ne savez pas le bien et le mal que vous me faites, Clémence ! vous ne savez pas que vos plus dures paroles d'autrefois, que vos reproches les plus amers, hélas ! les plus mérités, ne m'ont jamais autant accablé que cette mansuétude adorable, que cette résignation généreuse... Et pourtant, malgré moi, vous me faites renaître à l'espérance. Vous ne savez pas l'avenir que j'ose entrevoir...

— Et vous pouvez avoir une foi aveugle et entière dans ce que je vous dis, Albert... Cette résolution, je la prends fermement; je n'y manquerai jamais, je vous le jure... Plus tard même je pourrai vous donner de nouvelles garanties de ma parole...

— Des garanties ! — s'écria M. d'Harville

de plus en plus exalté par un bonheur si peu prévu — des garanties! en ai-je besoin? Votre regard, votre accent, cette divine expression de bonté qui vous embellit encore, les battements, les ravissements de mon cœur, tout cela ne me prouve-t-il pas que vous dites vrai? Mais, vous le savez, Clémence, l'homme est insatiable dans ses vœux — ajouta le marquis en se rapprochant du fauteuil de sa femme.

— Vos nobles et touchantes paroles me donnent le courage, l'audace d'espérer... d'espérer le ciel, oui... d'espérer ce qu'hier encore je regardais comme un rêve insensé!..

— Expliquez-vous, de grâce!.. — dit Clémence un peu inquiète de ces paroles passionnées de son mari.

— Eh bien! oui... — s'écria-t-il en saisissant la main de sa femme — oui, à force de tendresses, de soins, d'amour... entendez-vous, Clémence?.. à force d'amour... j'espère me faire aimer de vous!.. non d'une affection pâle et tiède... mais d'une affection ardente, comme la mienne... Oh! vous ne la connaissez pas, cette passion!.. Est-ce que j'osais vous en parler seulement... vous vous montriez toujours si glaciale envers moi!.. jamais un mot de bonté... jamais une de ces paroles... qui tout à l'heure m'ont fait pleurer... qui maintenant me rendent ivre de bonheur... Et ce bonheur... je le mérite... je vous ai toujours tant aimée! et j'ai tant souffert... sans vous le dire! Ce chagrin qui me dévorait... c'était cela!.. Oui, mon horreur du monde... mon caractère sombre, taciturne, c'était cela... Figurez-vous donc aussi... avoir dans sa maison une femme adorable et adorée, qui est la vôtre; une femme que l'on désire avec tous les emportements d'un amour contraint... et être à jamais condamné par elle à de solitaires et brûlantes insomnies... Oh! non, vous ne savez pas mes larmes de désespoir! mes fureurs insensées! Je vous assure que cela vous eût touchée... Mais, que dis-je? cela vous a touchée... vous avez deviné mes tortures, n'est-ce pas?.. vous en aurez pitié... La vue de votre ineffable beauté, de vos grâces enchanteresses, ne sera plus mon bonheur et mon supplice de chaque jour... Oui, ce trésor que je regarde comme mon bien le plus précieux... ce trésor qui m'appartient et que je ne possédais pas... ce trésor sera bientôt à moi... Oui, mon cœur, ma joie, mon ivresse, tout me le dit... n'est-ce pas, mon amie... ma tendre amie?

En disant ces mots, M. d'Harville couvrit la main de sa femme de baisers passionnés.

Clémence, désolée de la méprise de son mari, ne put s'empêcher, dans un premier mouvement de répugnance, presque d'effroi, de retirer brusquement sa main.

Sa physionomie exprima trop clairement ses ressentiments pour que M. d'Harville pût s'y tromper.

Ce coup fut pour lui terrible.

Ses traits prirent alors une expression déchirante; madame d'Harville lui tendit vivement la main et s'écria :

— Albert, je vous le jure, je serai toujours pour vous la plus dévouée des amies, la plus tendre des sœurs... mais rien de plus!.. Pardon, pardon... si malgré moi mes paroles vous ont donné des espérances que je ne puis jamais réaliser!..

— Jamais?.. s'écria M. d'Harville en attachant sur sa femme un regard suppliant, désespéré.

— Jamais !... répondit Clémence.

Ce seul mot, l'accent de la jeune femme révélaient une résolution irrévocable.

Clémence, ramenée à de nobles résolutions par l'influence de Rodolphe, était fermement décidée à entourer M. d'Harville des soins les plus touchants ; mais elle se sentait incapable d'éprouver jamais de l'amour pour lui.

Une impression plus inexorable encore que l'effroi, que le mépris, que la haine, éloignait pour toujours Clémence de son mari...

C'était une répugnance... invincible.

Après un moment de douloureux silence, M. d'Harville passa la main sur ses yeux humides, et dit à sa femme, avec une amertume navrante :

— Pardon... de m'être trompé... pardon de m'être ainsi abandonné à une espérance insensée...

Puis, en suite d'un nouveau silence, il s'écria :

— Ah ! je suis bien malheureux !...

— Mon ami — lui dit doucement Clémence — je ne voudrais pas vous faire de reproches ; pourtant... comptez-vous donc pour rien ma promesse d'être pour vous la plus tendre des sœurs? Vous devrez à l'amitié dévouée des soins que l'amour ne pourrait vous donner..... Espérez... espérez des jours meilleurs... Jusqu'ici vous m'avez trouvée presque indifférente à vos chagrins; vous verrez combien j'y saurai compâtir, et quelles consolations vous trouverez dans mon affection...

Un valet de chambre entra et dit à Clémence :

— Son Altesse monseigneur le grand-duc de Gérolstein fait demander à madame la marquise si elle peut le recevoir.

Clémence interrogea son mari du regard.

M. d'Harville, reprenant son sang-froid, dit à sa femme :

— Mais sans doute.

Le valet de chambre sortit.

— Pardon, mon ami — reprit Clémence — mais je n'avais pas défendu ma porte... Il y a d'ailleurs long-temps que vous n'avez vu le prince; il sera heureux de vous trouver ici.

— J'aurai aussi beaucoup de plaisir à le voir — dit M. d'Harville. — Pourtant, je vous l'avoue, en ce moment je suis si troublé, que j'aurais préféré recevoir sa visite un autre jour...

— Je le comprends... Mais que faire?... Le voici...

Au même instant on annonçait Rodolphe.

— Je suis mille fois heureux, madame, d'avoir l'honneur de vous rencontrer — dit Rodolphe; — et je m'applaudis doublement de ma bonne fortune, puisqu'elle me procure aussi le plaisir de vous voir, mon cher Albert — ajouta-t-il en se retournant vers le marquis, dont il serra cordialement la main.

— Il y a, en effet, bien long-temps, monseigneur, que je n'ai eu l'honneur de vous présenter mes hommages.

— Et à qui la faute, monsieur l'invisible? La dernière fois que je suis venu faire ma cour à madame d'Harville, je vous ai demandé, vous étiez absent. Voilà plus de trois semaines que vous m'oubliez; c'est très-mal...

— Soyez sans pitié, monseigneur — dit Clémence en souriant; — M. d'Harville est d'autant plus coupable qu'il a pour Votre Altesse le dévouement le plus profond, et qu'il pourrait en faire douter par sa négligence.

— Eh bien! voyez ma vanité, madame; quoi que puisse faire d'Harville, il me sera toujours impossible de douter de son affection ; mais je ne devrais pas dire cela... je vais l'encourager dans ses semblants d'indifférence.

— Croyez, monseigneur, que quelques circonstances imprévues m'ont seules empêché de profiter plus souvent de vos bontés pour moi...

— Entre nous, mon cher Albert, je vous crois un peu trop platonique en amitié ; bien certain qu'on vous aime, vous ne tenez pas beaucoup à donner ou à recevoir des preuves d'attachement.

Par un manque d'étiquette dont madame d'Harville ressentit une légère contrariété, un valet de chambre entra, apportant une lettre au marquis.

C'était la dénonciation anonyme de Sarah, qui accusait le prince d'être l'amant de madame d'Harville.

Le marquis, par déférence pour le prince, repoussa de la main le petit plateau d'argent que le domestique lui présentait, et dit à demi-voix :

— Plus tard... plus tard...

— Mon cher Albert — dit Rodolphe du ton le plus affectueux — faites-vous de ces façons avec moi ?

— Monseigneur...

— Avec la permission de madame d'Harville, je vous en prie... lisez cette lettre...

— Je vous assure, monseigneur, que je n'ai aucun empressement...

— Encore une fois, Albert, lisez donc cette lettre !

— Mais... monseigneur...

— Je vous en prie... je le veux...

— Puisque Son Altesse l'exige... — dit le marquis en prenant la lettre sur le plateau.

— Certainement j'exige que vous me traitiez en ami. — Puis, se tournant vers la marquise pendant que M. d'Harville décachetait la lettre fatale, dont Rodolphe ne pouvait imaginer le contenu, il ajouta en souriant :

— Quel triomphe pour vous, madame, de faire toujours céder cette volonté si opiniâtre !

M. d'Harville s'approcha d'un des candélabres de la cheminée, et ouvrit la lettre de Sarah.

CHAPITRE II.

CONSEILS.

Rodolphe et Clémence causaient ensemble pendant que M. d'Harville lisait par deux fois la lettre de Sarah.

Les traits du marquis restèrent calmes ; un tremblement nerveux presque imperceptible agita seulement sa main, lorsqu'après un moment d'hésitation il mit le billet dans la poche de son gilet.

— Au risque de passer encore pour un sauvage, — dit-il à Rodolphe en souriant, — je vous demanderai la permission, monseigneur, d'aller répondre à cette lettre... plus importante que je ne le pensais d'abord...

— Ne vous reverrai-je pas ce soir ?

— Je ne crois pas avoir cet honneur, monseigneur. J'espère que Votre Altesse voudra bien m'excuser.

— Quel homme insaisissable! — dit gaiement Rodolphe. — N'essaierez-vous pas, madame, de le retenir?

— Je n'ose tenter ce que Votre Altesse a essayé en vain.

— Sérieusement, mon cher Albert, tâchez de nous revenir dès que votre lettre sera écrite... sinon promettez-moi de m'accorder quelques moments un matin... j'ai mille choses à vous dire.

— Votre Altesse me comble — dit le marquis en saluant profondément.

Et il se retira laissant Clémence avec le prince.

— Votre mari est préoccupé — dit Rodolphe à la marquise; — son sourire m'a paru contraint...

— Lorsque Votre Altesse est arrivée, M. d'Harville était profondément ému; il a eu grand'peine à vous le cacher.

— Je suis peut-être arrivé mal à propos?

— Non, monseigneur. Vous m'avez même épargné la fin d'un entretien pénible...

— Comment cela ?

— J'ai dit à M. d'Harville la nouvelle conduite que j'étais résolue de suivre à son égard... en lui promettant soutien et consolation.

— Qu'il a dû être heureux !

— D'abord il l'a été autant que moi ; car ses larmes, sa joie, m'ont causé une émotion que je ne connaissais pas encore... Autrefois je croyais me venger en lui adressant un reproche ou un sarcasme... Triste vengeance ! mon chagrin n'en était ensuite que plus amer... Tandis que tout à l'heure... quelle différence !.. J'avais demandé à mon mari s'il sortait ; il m'avait répondu tristement qu'il passerait la soirée seul, comme cela lui arrivait souvent. Quand je lui ai offert de rester auprès de lui... si vous aviez vu son étonnement, monseigneur ! Combien ses traits, toujours sombres, sont tout à coup devenus radieux... Ah ! vous aviez bien raison... rien de plus charmant à ménager que ces surprises de bonheur !..

— Mais comment, ces preuves de bonté de

votre part ont-elles amené cet entretien pénible dont vous me parliez?

— Hélas! monseigneur — dit Clémence en rougissant — à des espérances que j'avais fait naître, parce que je pouvais les réaliser... ont succédé chez M. d'Harville des espérances plus tendres... que je m'étais bien gardée de provoquer, parce qu'il me sera toujours impossible de les satisfaire...

— Je comprends... il vous aime si tendrement...

— Autant j'avais d'abord été touchée de sa reconnaissance... autant je me suis sentie glacée, effrayée, dès que son langage est devenu passionné... Enfin, lorsque dans son exaltation il a posé ses lèvres sur ma main... un froid mortel m'a saisie, je n'ai pu dissimuler ma frayeur... Je lui portai un coup douloureux... en manifestant ainsi l'invincible éloignement que me causait son amour... Je le regrette... Mais au moins M. d'Harville est maintenant à jamais convaincu, malgré mon retour vers lui, qu'il ne doit attendre de moi que l'amitié la plus dévouée...

— Je le plains... sans pouvoir vous blâmer;

il est des susceptibilités pour ainsi dire sacrées... Pauvre Albert, si bon, si loyal pourtant!!! d'un cœur si vaillant, d'une âme si ardente! Si vous saviez combien j'ai été longtemps préoccupé de la tristesse qui le dévorait, quoique j'en ignorasse la cause... Attendons tout du temps, de la raison. Peu à peu il reconnaîtra le prix de l'affection que vous lui offrez, et il se résignera comme il s'était résigné jusqu'ici sans avoir les touchantes consolations que vous lui offrez...

— Et qui ne lui manqueront jamais, je vous le jure, monseigneur.

— Maintenant, songeons à d'autres infortunes. Je vous ai promis une *bonne œuvre*, ayant tout le charme d'un roman en action... Je viens remplir mon engagement.

— Déjà, monseigneur? quel bonheur!

— Ah! que j'ai été bien inspiré en louant cette pauvre chambre de la rue du Temple dont je vous ai parlé... Vous n'imaginez pas tout ce que j'ai trouvé là de curieux, d'intéressant!... D'abord vos protégés de la mansarde jouissent du bonheur que votre présence leur avait promis; ils ont cependant encore à subir de rudes épreuves; mais je ne veux pas vous attrister... Un jour vous saurez combien d'horribles maux peuvent accabler une seule famille...

— Quelle doit être leur reconnaissance envers vous !

— C'est votre nom qu'ils bénissent...

— Vous les avez secourus en mon nom, monseigneur !

— Pour leur rendre l'aumône plus douce... D'ailleurs, je n'ai fait que réaliser vos promesses.

— Oh! j'irai les détromper... leur dire ce qu'ils vous doivent.

— Ne faites pas cela! vous le savez, j'ai une chambre dans cette maison, redoutez de nouvelles lâchetés anonymes de vos ennemis... ou des miens... et puis les Morel sont maintenant à l'abri du besoin... Songeons à d'autres... songeons à notre *intrigue*. Il s'agit d'une pauvre mère et de sa fille, qui, autrefois dans l'aisance, sont aujourd'hui, par suite d'une spoliation infâme..., réduites au sort le plus affreux.

— Malheureuses femmes!... Et où demeurent-elles, monseigneur?

— Je l'ignore.

— Mais comment avez-vous connu leur misère?

— Hier je vais au Temple... Vous ne savez pas ce que c'est que le Temple, madame la marquise?

— Non, monseigneur...

— C'est un bazar très-amusant à voir; j'allais donc faire là quelques emplettes avec ma voisine du quatrième...

— Votre voisine?...

— N'ai-je pas ma chambre, rue du Temple?

— Je l'oubliais, monseigneur...

— Cette voisine est une ravissante petite grisette; elle s'appelle Rigolette; elle rit toujours, et n'a jamais eu d'amant.

— Quelle vertu... pour une grisette!

— Ce n'est pas absolument par vertu qu'elle est sage, mais parce qu'elle n'a pas, dit-elle, le loisir d'être amoureuse; cela lui prendrait trop de temps, car il lui faut travailler douze à quinze heures par jour pour gagner vingt-cinq sous, avec lesquels elle vit...

— Elle peut vivre de si peu?

— Comment donc! elle a même comme objet de luxe deux oiseaux qui mangent plus qu'elle; sa chambrette est des plus proprettes, et sa mise des plus coquettes.

— Vivre avec vingt-cinq sous par jour! c'est un prodige...

— Un vrai prodige d'ordre, de travail, d'économie et de philosophie pratique, je vous assure; aussi je vous la recommande : elle est, dit-elle, très-habile couturière... En tout cas, vous ne seriez pas obligée de porter les robes qu'elle vous ferait...

— Dès demain je lui enverrai de l'ouvrage... Pauvre fille!... vivre avec une somme si minime et pour ainsi dire si inconnue à nous autres riches, que le prix du moindre de nos caprices a cent fois cette valeur!

— Vous vous intéressez donc à ma petite protégée, c'est convenu; revenons à notre aventure. J'étais donc allé au Temple, avec mademoiselle Rigolette, pour quelques achats destinés à vos pauvres gens de la mansarde, lorsque, fouillant par hasard dans un vieux secrétaire à vendre, je trouvai un brouillon de lettre, écrite par une femme qui se plaignait à un tiers d'être réduite à la misère, elle et sa fille, par l'infidélité d'un dépositaire. Je demandai au marchand d'où lui venait ce meuble. Il faisait partie d'un modeste mobilier qu'une femme, jeune encore, lui avait vendu, étant sans doute à bout de ressources... Cette femme et sa fille, me dit le marchand, semblaient être des *bourgeoises* et supporter fièrement leur détresse.

— Et vous ne savez pas leur demeure, monseigneur ?

— Malheureusement, non... jusqu'à présent... Mais j'ai donné ordre à M. de Graün de tâcher de la découvrir, en s'adressant, s'il le faut, à la préfecture de police. Il est probable que, dénuées de tout, la mère et la fille auront été chercher un refuge dans quelque misérable hôtel garni. S'il en est ainsi, nous avons bon espoir ; car les maîtres de ces maisons y inscrivent chaque soir les étrangers qui y sont venus dans la journée.

— Quel singulier concours de circonstances !... — dit madame d'Harville avec étonnement. — Combien cela est attachant...

— Ce n'est pas tout... Dans un coin du brouillon de la lettre trouvée dans le vieux meuble se trouvaient ces mots : *Écrire à madame de Lucenay.*

— Quel bonheur! peut-être saurons-nous quelque chose par la duchesse — s'écria vivement madame d'Harville; puis elle reprit avec un soupir : — Mais, ignorant le nom de cette femme, comment la désigner à madame de Lucenay?

— Il faudra lui demander si elle ne connaît pas une veuve, jeune encore, d'une physionomie distinguée, et dont la fille, âgée de seize ou dix-sept ans, se nomme Claire... Je me souviens du nom.

— Le nom de ma fille! il me semble que c'est un motif de plus de s'intéresser à ces infortunées...

— J'oubliais de vous dire que le frère de cette veuve s'est suicidé il y a quelques mois.

— Si madame de Lucenay connaît cette famille — reprit madame d'Harville en réfléchissant — de tels renseignements suffiront pour la mettre sur la voie; dans ce cas encore, le triste genre de mort de ce malheureux aura dû frapper la duchesse. Mon Dieu! que j'ai hâte d'aller la voir... je lui écrirai un mot ce soir pour avoir la certitude de la rencontrer demain matin.... Quelles peuvent être ces femmes? D'après ce que vous savez d'elles, monseigneur, elles paraissent appartenir à une classe distinguée de la société... Et se voir réduites à une telle détresse!... Ah! pour elles la misère doit être doublement affreuse.

— Et cela par la volerie d'un notaire, abominable coquin dont je savais déjà d'autres méfaits... un certain Jacques Ferrand.

— Le notaire de mon mari! — s'écria Clémence — le notaire de ma belle-mère! Mais vous vous trompez, monseigneur; on le regarde comme le plus honnête homme du monde.

— J'ai les preuves du contraire... Mais veuillez ne dire à personne mes doutes, ou plutôt mes certitudes au sujet de ce misérable; il est aussi adroit que criminel, et, pour le démasquer, j'ai besoin qu'il croie encore quelques jours à l'impunité. Oui, c'est lui qui a dépouillé ces infortunées, en niant un dépôt qui, selon toute apparence, lui avait été remis par le frère de cette veuve.

— Et cette somme?

— Était toutes leurs ressources!...

— Oh! voilà de ces crimes...

— De ces crimes — s'écria Rodolphe — de ces crimes que rien n'excuse... ni le besoin... ni la passion... Souvent la faim pousse au vol, la vengeance au meurtre... Mais ce notaire déjà riche, mais cet homme revêtu par la société d'un caractère presque sacerdotal, d'un caractère qui impose, qui force la confiance... cet homme est poussé au crime, lui, par une cupidité froide et implacable... L'assassin ne vous tue qu'une fois... et vite... avec son couteau... lui vous tue lentement, par toutes les tortures du désespoir et de la misère où il vous plonge... Pour un homme comme ce Ferrand, le patrimoine de l'orphelin, les deniers du pauvre si laborieusement amassés... rien n'est sacré!... Vous lui confiez de l'or, cet or le tente... il le vole... De riche et d'heureux, la *volonté* de cet homme vous fait mendiant et désolé!... A force de privations et de travaux, vous avez assuré le pain et l'abri de votre vieillesse... la *volonté* de cet homme arrache à votre vieillesse ce pain et cet abri...

Ce n'est pas tout. Voyez les effrayantes conséquences de ses spoliations infâmes... Que cette veuve dont nous parlons, madame, meure de chagrin et de détresse ; sa fille, jeune et belle, sans appui, sans ressources, habituée à l'aisance, inapte, par son éducation, à gagner sa vie, se trouve bientôt entre le déshonneur et la faim !... Qu'elle s'égare, qu'elle succombe... la voilà perdue, avilie, déshonorée !... Par sa spoliation, Jacques Ferrand est donc cause de la mort de la mère, de la prostitution de la fille !... il a tué le corps de l'une, tué l'âme de l'autre ; et cela, encore une fois, non pas tout d'un coup, comme les autres homicides, mais avec lenteur et cruauté.

Clémence n'avait pas encore entendu Rodolphe parler avec autant d'indignation et d'amertume ; elle l'écoutait en silence, frappée de ces paroles d'une éloquence sans doute morose, mais qui révélaient une haine vigoureuse contre le mal.

— Pardon, madame, — lui dit Rodolphe après quelques instants de silence — je n'ai pu contenir mon indignation en songeant aux malheurs horribles qui pourraient atteindre vos futures protégées... Ah! croyez-moi, on n'exagère jamais les conséquences qu'entraînent souvent la ruine et la misère...

— Oh! merci, au contraire, monseigneur, d'avoir, par ces terribles paroles, encore augmenté, s'il est possible, la tendre pitié que m'inspire cette mère infortunée. Hélas! c'est surtout pour sa fille qu'elle doit souffrir... oh! c'est affreux... Mais nous les sauverons... nous assurerons leur avenir, n'est-ce pas, monseigneur? Dieu merci, je suis riche; pas autant que je le voudrais, maintenant que j'entrevois un nouvel usage de la richesse; mais, s'il le faut, je m'adresserai à M. d'Harville, je le rendrai si heureux, qu'il ne pourra se refuser à aucun de mes nouveaux *caprices*, et je prévois que j'en aurai beaucoup de ce genre. Nos protégées sont fières, m'avez-vous dit, monseigneur : je les en aime davantage; la fierté dans l'infortune prouve toujours une âme élevée... Je trouverai le moyen de les sauver sans qu'elles croient devoir mes secours à un bienfait... Ce sera difficile... tant mieux! Oh! j'ai déjà mon projet; vous verrez, monseigneur...

vous verrez que l'adresse et la finesse ne me manqueront pas.

— J'entrevois déjà les combinaisons les plus machiavéliques — dit Rodolphe en souriant.

— Mais il faut d'abord les découvrir... Que j'ai hâte d'être à demain! En sortant de chez madame de Lucenay, j'irai à leur ancienne demeure; j'interrogerai leurs voisins, je verrai par moi-même, je demanderai des renseignements à tout le monde... Je me compromettrai s'il le faut! Je serais si fière d'obtenir par moi-même et par moi seule le résultat que je désire... Oh! j'y parviendrai... cette aventure est si touchante... Pauvres femmes! il me semble que je m'intéresse encore davantage à elles quand je songe à ma fille...

Rodolphe, ému de ce charitable empressement, souriait avec mélancolie en voyant cette femme de vingt ans, si belle, si aimante, tâchant d'oublier dans de nobles distractions les malheurs domestiques qui la frappaient; les yeux de Clémence brillaient d'un vif éclat, ses joues étaient légèrement colorées; l'animation de son geste, de sa parole, donnait un nouvel attrait à sa ravissante physionomie.

CHAPITRE III.

LE PIÉGE.

Madame d'Harville s'aperçut que Rodolphe la contemplait en silence. Elle rougit, baissa les yeux, puis, les relevant avec une confusion charmante, elle lui dit :

— Vous riez de mon exaltation, monseigneur! C'est que je suis impatiente de goûter ces douces joies qui vont animer ma vie, jusqu'à présent triste et inutile. Tel n'était pas sans doute le sort que j'avais rêvé... Il est un sentiment, un bonheur, le plus vif de tous... que je ne dois jamais connaître... Quoique bien jeune encore, il me faut y renoncer! — ajouta Clémence avec un soupir contraint. Puis elle reprit : — Mais enfin, grâce à vous, mon sauveur, toujours grâce à vous, je me serai créé d'autres intérêts ; la charité remplacera l'amour... J'ai déjà dû à vos conseils de si touchantes émotions !.. Vos paroles, monseigneur, ont tant d'influence sur moi !... Plus je médite, plus j'approfondis vos idées, plus je les trouve justes, grandes, fécondes. Puis, quand je songe que, non content de prendre en commisération des peines qui devraient vous être indifférentes, vous me donnez encore les avis les plus salutaires, en me guidant pas à pas dans cette voie nouvelle que vous avez ouverte à un pauvre cœur chagrin et abattu... oh ! monseigneur, quel trésor de bonté renferme donc votre âme ? Où avez-vous puisé tant de généreuse pitié ?

— J'ai beaucoup souffert, je souffre encore : voilà pourquoi je sais le secret de bien des douleurs !

— Vous, monseigneur, vous, malheureux !

— Oui, car l'on dirait que, pour me préparer à compatir à toutes les infortunes, le sort a voulu que je les subisse toutes... Ami, il m'a frappé dans mon ami ; amant, il m'a frappé dans la première femme que j'ai aimée avec l'aveugle confiance de la jeunesse; époux, il m'a frappé dans ma femme; fils, il m'a frappé dans mon père; père, il m'a frappé dans mon enfant...

— Je croyais, monseigneur, que la grande-duchesse ne vous avait pas laissé d'enfant?

— En effet; mais avant mon mariage j'avais une fille, morte toute petite... Eh bien! si étrange que cela vous paraisse, la perte de cette enfant, que j'ai vue à peine, est le regret de toute ma vie... Plus je vieillis, plus ce chagrin devient profond! Chaque année en redouble l'amertume; on dirait qu'il grandit en raison de l'âge que devrait avoir ma fille... Maintenant elle aurait dix-sept ans!....

— Et sa mère, monseigneur, vit-elle encore? — demanda Clémence après un moment d'hésitation.

— Oh! ne m'en parlez pas!.. — s'écria Rodolphe, dont les traits se rembrunirent à la pensée de Sarah. — Sa mère est une indigne créature, une âme bronzée par l'égoïsme et par l'ambition. Quelquefois je me demande s'il ne vaut pas mieux pour ma fille d'être morte que d'être restée aux mains de sa mère....

Clémence éprouva une sorte de satisfaction en entendant Rodolphe s'exprimer ainsi.

— Oh ! je conçois alors — s'écria-t-elle — que vous regrettiez doublement votre fille !

— Je l'aurais tant aimée !... Et puis il me semble que chez nous autres princes il y a toujours dans notre amour pour un fils une sorte d'intérêt de race et de nom, d'arrière-pensée politique... Mais une fille ! une fille ! on l'aime pour elle seule... Par cela même que l'on a vu, hélas ! l'humanité sous ses faces les plus sinistres, quelles délices de se reposer dans la contemplation d'une âme candide et pure ! de respirer son parfum virginal, d'épier avec une tendresse inquiète ses tressaillements ingénus !.. La mère la plus folle, la plus fière de sa fille n'éprouve pas ces ravissements ; elle lui est trop pareille pour l'apprécier, pour goûter ces douceurs ineffables... elle appréciera bien davantage les mâles qualités d'un fils vaillant et hardi. Car enfin ne trouvez-vous pas que ce qui rend encore plus touchant peut-être l'amour d'une mère pour son fils, l'amour d'un père pour sa fille, c'est que dans ces affections il y a un être faible qui a toujours besoin de protection? Le fils protège sa mère, le père protège sa fille.

— Oh! c'est vrai, monseigneur...

— Mais, hélas! à quoi bon comprendre ces jouissances ineffables, lorsqu'on ne doit jamais les éprouver? — reprit Rodolphe avec abattement.

Clémence ne put retenir une larme, tant l'accent de Rodolphe avait été profond, déchirant.

Après un moment de silence, rougissant presque de l'émotion à laquelle il s'était laissé entraîner, il dit à madame d'Harville en souriant tristement :

— Pardon, madame, mes regrets et mes souvenirs m'ont emporté malgré moi; vous m'excuserez, n'est-ce pas?

— Ah! monseigneur, croyez que je partage vos chagrins. N'en ai-je pas le droit? N'avez-vous pas partagé les miens? Malheureusement les consolations que je puis vous offrir sont vaines...

— Non, non... le témoignage de votre intérêt m'est doux et salutaire; c'est déjà presque un soulagement de dire que l'on souffre... et je ne vous l'aurais pas dit sans la nature de notre entretien, qui a réveillé en moi des souvenirs douloureux... C'est une faiblesse, mais je ne puis entendre parler d'une jeune fille sans songer à celle que j'ai perdue...

— Ces préoccupations sont si naturelles ! Tenez, monseigneur, depuis que je vous ai vu, j'ai accompagné dans ses visites aux prisons une femme de mes amies qui est patronesse de l'œuvre des jeunes détenues de Saint-Lazare; cette maison renferme des créatures bien coupables. Si je n'avais pas été mère, je les aurais jugées, sans doute, avec encore plus de sévérité... tandis que je ressens pour elles une pitié douloureuse en songeant que peut-être elles n'eussent pas été perdues sans l'abandon et la misère où on les a laissées depuis leur enfance... Je ne sais pourquoi, après ces pensées, il me semble aimer ma fille davantage encore...

— Allons, courage — dit Rodolphe avec un sourire mélancolique. — Cet entretien me laisse rassuré sur vous... Une voie salutaire vous est ouverte; en la suivant, vous traverserez, sans faillir, ces années d'épreuves si dangereuses pour les femmes, et surtout pour une femme douée comme vous l'êtes. Votre mérite sera grand... vous aurez encore à lutter, à souffrir... car vous êtes bien jeune, mais vous reprendrez des forces en songeant au bien que vous aurez fait... à celui que vous aurez à faire encore...

Madame d'Harville fondit en larmes.

— Au moins — dit-elle — votre appui, vos conseils ne me manqueront jamais, n'est-ce pas, monseigneur ?

— De près ou de loin, toujours je prendrai le plus vif intérêt à ce qui vous touche... toujours, autant qu'il sera en moi, je contribuerai à votre bonheur... à celui de l'homme auquel j'ai voué la plus constante amitié.

— Oh ! merci de cette promesse, monseigneur — dit Clémence en essuyant ses larmes. — Sans votre généreux soutien, je le sens, mes forces m'abandonneraient... mais, croyez-moi... je vous le jure ici, j'accomplirai courageusement mon devoir.

A ces mots, une petite porte cachée dans la tenture s'ouvrit brusquement.

Clémence poussa un cri; Rodolphe tressaillit.

M. d'Harville parut, pâle, ému, profondément attendri, les yeux humides de larmes.

Le premier étonnement passé, le marquis dit à Rodolphe en lui donnant la lettre de Sarah :

— Monseigneur... voici la lettre infâme que j'ai reçue tout à l'heure devant vous... Veuillez la brûler après l'avoir lue.

Clémence regardait son mari avec stupeur.

— Oh! c'est infâme! — s'écria Rodolphe indigné.

— Eh bien! monseigneur... il y a quelque chose de plus lâche encore que cette lâcheté anonyme... C'est ma conduite!

— Que voulez-vous dire?

— Tout à l'heure, au lieu de vous montrer cette lettre franchement, hardiment, je vous l'ai cachée; j'ai feint le calme pendant que j'avais la jalousie, la rage, le désespoir dans le cœur... Ce n'est pas tout... Savez-vous ce que j'ai fait, monseigneur? je suis allé honteusement me tapir derrière cette porte pour vous épier... Oui, j'ai été assez misérable pour douter de votre loyauté, de votre honneur... Oh! l'auteur de ces lettres sait à qui il les adresse... il sait combien ma tête est faible... Eh bien! monseigneur, dites, après avoir entendu ce que je viens d'entendre, car je n'ai pas perdu un mot de votre entretien, car je sais quels intérêts vous attirent rue du Temple... après avoir été assez bassement défiant pour me faire le complice de cette horrible calomnie en y croyant... n'est-ce pas à genoux que je dois vous demander grâce et pitié?.. Et c'est ce que je fais, monseigneur... et c'est ce que je fais, Clémence; car je n'ai plus d'espoir que dans votre générosité.

— Eh! mon Dieu, mon cher Albert, qu'ai-je à vous pardonner? — dit Rodolphe en tendant ses deux mains au marquis avec la plus touchante cordialité. — Maintenant, vous savez *nos secrets*, à moi et à madame d'Harville; j'en suis ravi... je pourrai vous sermonner tout à mon aise. Me voici votre confident forcé, et, ce qui vaut encore mieux, vous voici le confident de madame d'Harville: c'est dire que vous connaissez maintenant tout ce que vous devez attendre de ce noble cœur.

— Et vous, Clémence — dit tristement M. d'Harville à sa femme — me pardonnerez-vous encore cela?

— Oui... à condition que vous m'aiderez à assurer votre bonheur... — et elle tendit sa main à son mari, qui la serra avec émotion.

— Ma foi, mon cher marquis — s'écria Rodolphe — nos ennemis sont maladroits!... grâce à eux, nous voici plus intimes que par le passé... Vous n'avez jamais plus justement apprécié madame d'Harville... jamais elle ne vous a été plus dévouée... Avouez que nous sommes bien vengés des envieux et des méchants?.. C'est toujours cela, en attendant mieux... car je devine d'où le coup est parti... et je n'ai pas l'habitude de souffrir patiemment le mal que l'on fait à mes amis... Mais ceci me regarde... Adieu, madame, voici notre *intrigue* découverte, vous ne serez plus seule à secourir vos protégés... Soyez tranquille, nous renouerons bientôt quelque mystérieuse entreprise... et le marquis sera bien fin s'il la découvre.

. . . .

Après avoir accompagné Rodolphe jusqu'à sa voiture pour le remercier encore, le marquis rentra chez lui sans revoir Clémence.

CHAPITRE IV.

RÉFLEXIONS.

Il serait difficile de peindre les sentiments tumultueux et contraires dont fut agité M. d'Harville lorsqu'il se trouva seul.

Il reconnaissait avec joie l'indigne fausseté de l'accusation portée contre Rodolphe et contre Clémence ; mais il était aussi convaincu qu'il lui fallait renoncer à l'espoir d'être aimé d'elle. Plus, dans sa conversation avec Rodolphe, Clémence s'était montré résignée, courageuse, résolue au bien ; plus il se reprochait amèrement d'avoir, par un coupable égoïsme, enchaîné cette malheureuse jeune femme à son sort.

Loin d'être consolé par l'entretien qu'il avait surpris, il tomba dans une tristesse, dans un accablement inexprimables.

La richesse oisive a cela de terrible, que rien ne la distrait, que rien ne la défend des ressentiments douloureux. N'étant jamais forcément préoccupée des nécessités de l'avenir ou des labeurs de chaque jour, elle demeure tout entière en proie aux grandes afflictions morales.

Pouvant posséder ce qui se possède à prix d'or, elle désire ou elle regrette, avec une violence inouïe, ce que l'or seul ne peut donner.

La douleur de M. d'Harville était désespérée, car il ne voulait, après tout, rien que de juste, que de *légal* :

— La possession.... sinon l'amour de sa femme.

Or, en face des refus inexorables de Clémence, il se demandait si ce n'était pas une dérision amère que ces paroles de la loi :

— *La femme appartient à son mari.*

A quel pouvoir, à quelle intervention recourir pour vaincre cette froideur, cette répugnance qui changeait sa vie en un long supplice, puisqu'il ne devait, ne pouvait, ne voulait aimer que sa femme?

Il lui fallait reconnaître qu'en cela, comme

en tant d'autres incidents de la vie conjugale, la simple volonté de l'homme ou de la femme se substituait impérieusement, sans appel, sans répression possible, à la volonté souveraine de la loi.

A ces transports de vaine colère succédait parfois un morne abattement.

L'avenir lui pesait, lourd, sombre, glacé.

Il pressentait que le chagrin rendrait sans doute plus fréquentes encore les crises de son effroyable maladie.

— Oh! — s'écria-t-il, à la fois attendri et désolé — c'est ma faute... c'est ma faute!.. pauvre malheureuse femme! je l'ai trompée... indignement trompée!.. Elle peut... elle doit me haïr... et pourtant, tout à l'heure encore elle m'a témoigné l'intérêt le plus touchant; mais, au lieu de me contenter de cela... ma folle passion m'a égaré, je suis devenu tendre... j'ai parlé de mon amour... et à peine mes lèvres ont-elles effleuré sa main qu'elle a tressailli de frayeur... Si j'avais pu douter encore de la répugnance invincible que je lui inspire, ce qu'elle a dit au prince ne m'aurait laissé aucune illusion... Oh! c'est affreux... affreux!...

Et de quel droit lui a-t-elle confié ce hideux secret? cela est une trahison indigne!.. De quel droit? Hélas, du droit que les victimes ont de se plaindre de leur bourreau... Pauvre enfant... si jeune, si aimante, tout ce qu'elle a trouvé de plus cruel à dire contre l'horrible existence que je lui ai faite... c'est que *tel n'était pas le sort qu'elle avait rêvé*... et qu'elle était bien jeune pour renoncer à l'amour!.. Je connais Clémence... cette parole qu'elle m'a donnée, qu'elle a donnée au prince, elle la tiendra désormais : elle sera pour moi la plus tendre des sœurs... Eh bien!.. ma position n'est-elle pas encore digne d'envie?.. aux rapports froids et contraints qui existaient entre nous vont succéder des relations affectueuses et douces... tandis qu'elle aurait pu me traiter toujours avec un mépris glacial, sans qu'il me fût possible de me plaindre.

Allons... je me consolerai en jouissant de ce qu'elle m'offre... Ne serai-je pas encore trop heureux? Trop heureux! oh! que je suis faible! que je suis lâche! N'est-ce pas ma femme, après tout? n'est-elle pas à moi, bien à moi? La loi ne me reconnaît-elle pas mon pouvoir sur elle? Ma femme résiste... eh bien! j'ai le droit de... — Il s'interrompit avec un éclat de rire sardonique.

—Oh! oui... la violence, n'est-ce pas? Maintenant la violence! Autre infamie... Mais que faire alors? car je l'aime, moi! je l'aime comme un insensé... Je n'aime qu'elle... Je ne veux qu'elle... Je veux son amour, et non sa tiède affection de sœur... Oh! à la fin il faudra bien qu'elle ait pitié... elle est si bonne, elle me verra si malheureux! Mais non, non! jamais! il est une cause d'éloignement qu'une femme ne surmonte pas. Le dégoût... oui... le dégoût... entends-tu? le dégoût!.. Il faut bien te convaincre de cela : ton horrible infirmité lui fera horreur... toujours... entends-tu? toujours!.. — s'écria M. d'Harville dans une douloureuse exaltation.

Après un moment de farouche silence, il reprit :

— Cette anonyme délation, qui accusait le prince et ma femme, part encore d'une main ennemie ; et tout à l'heure, avant de l'avoir entendue, j'ai pu un instant le soupçonner! Lui, le croire capable d'une si lâche trahison!.. Et ma femme... l'envelopper dans le même soupçon!.. Oh! la jalousie est incurable!.. Et pourtant il ne faut pas que je m'abuse... Si le prince, qui m'aime comme l'ami le plus tendre, le plus généreux, engage Clémence à occuper son esprit et son cœur par des œuvres charitables ; s'il lui promet ses conseils, son appui, c'est qu'elle a besoin de conseils, d'appui...

Au fait, si belle, si jeune, si entourée, sans amour au cœur qui la défende, presque excusée de ses torts par les miens, qui sont atroces, ne peut-elle pas faillir?

Autre torture! Que j'ai souffert, mon Dieu! quand je l'ai crue coupable... quelle terrible agonie!.. Mais non... cette crainte est vaine... Clémence a juré de ne pas manquer à ses devoirs... elle tiendra ses promesses... mais à quel prix, mon Dieu!.. à quel prix!.. Tout à l'heure, lorsqu'elle revenait à moi avec d'affectueuses paroles, combien son sourire doux, triste, résigné, m'a fait de mal!.. Combien ce retour vers son bourreau a dû lui coûter ! Pauvre femme ! qu'elle était belle et touchante ainsi ! Pour la première fois j'ai senti un remords déchirant ; car jusqu'alors sa froideur hautaine l'avait assez vengée. Oh ! malheureux... malheureux que je suis !...

. . . .

. . . .

Après une longue nuit d'insomnie et de réflexions amères, les agitations de M. d'Harville cessèrent comme par enchantement...

Il attendit e jour avec impatience.

CHAPITRE V.

PROJETS D'AVENIR.

Dès le matin, M. d'Harville sonna son valet de chambre.

Le vieux Joseph en entrant chez son maître l'entendit, à son grand étonnement, fredonner un air de chasse, signe aussi rare que certain de la bonne humeur de M. d'Harville.

— Ah! monsieur le marquis — dit le fidèle serviteur attendri — quelle jolie voix vous avez... quel dommage que vous ne chantiez pas plus souvent!

— Vraiment, monsieur Joseph, j'ai une jolie voix? — dit M. d'Harville en riant.

— M. le marquis aurait la voix aussi enrouée qu'un chat-huant ou qu'une crécelle, que je trouverais encore qu'il a une jolie voix.

— Taisez-vous, flatteur!

— Dame!.. quand vous chantez, monsieur le marquis, c'est signe que vous êtes content... et alors votre voix me paraît la plus charmante musique du monde...

— En ce cas, mon vieux Joseph, apprête-toi à ouvrir tes longues oreilles.

— Que dites-vous?

— Tu pourras jouir tous les jours de cette charmante musique, dont tu parais si avide.

— Vous seriez heureux tous les jours, monsieur le marquis! — s'écria Joseph en joignant les mains avec un radieux étonnement.

— Tous les jours, mon vieux Joseph, heureux tous les jours. Oui, plus de chagrins, plus de tristesse... Je puis te dire cela, à toi, seul et discret confident de mes peines... Je suis au comble du bonheur... Ma femme est un ange de bonté... elle m'a demandé pardon de son éloignement passé, l'attribuant, le devinerais-tu?.. à la jalousie!..

— A la jalousie!

— Oui, d'absurdes soupçons excités par des lettres anonymes...

— Quelle indignité!..

— Tu comprends... les femmes ont tant

d'amour-propre... il n'en a pas fallu davantage pour nous séparer; mais heureusement hier soir elle s'en est franchement expliquée avec moi... Je l'ai désabusée; te dire son ravissement serait impossible, car elle m'aime, oh! elle m'aime! La froideur qu'elle me témoignait lui pesait aussi cruellement qu'à moi-même... Enfin, notre cruelle séparation a cessé... juge de ma joie?

— Il serait vrai! — s'écria Joseph les yeux mouillés de larmes. — Il serait donc vrai... monsieur le marquis! vous voilà heureux pour toujours, puisque l'amour de madame la marquise vous manquait seul... ou plutôt puisque son éloignement faisait seul votre malheur... comme vous me le disiez...

— Et à qui l'aurais-je dit, mon pauvre vieux Joseph?.. Ne possédais-tu pas... un secret plus triste encore?.. Mais ne parlons pas de tristesse... ce jour est trop beau... Tu t'aperçois peut-être que j'ai pleuré?.. c'est qu'aussi, vois-tu, le bonheur me débordait... Je m'y attendais si peu!.. Comme je suis faible, n'est-ce pas?

— Allez... allez... monsieur le marquis, —

vous pouvez bien pleurer de contentement... vous assez pleuré de douleur. Et moi donc ! tenez... est-ce que je ne fais pas comme vous ? Braves larmes !.. je ne les donnerais pas pour dix années de ma vie... Je n'ai plus qu'une peur, c'est de ne pouvoir pas m'empêcher de me jeter aux genoux de madame la marquise la première fois que je vais la voir...

— Vieux fou, tu es aussi déraisonnable que ton maître... Maintenant, j'ai une crainte aussi, moi...

— Laquelle ? mon Dieu !

— C'est que cela ne dure pas... je suis trop heureux... qu'est-ce qui me manque ?

— Rien... rien, monsieur le marquis, absolument rien...

— C'est pour cela, je me défie de ces bonheurs si parfaits... si complets...

— Hélas ! si ce n'est que cela... monsieur le marquis; mais non, je n'ose...

— Je t'entends... eh bien, je crois tes craintes vaines... La révolution que mon bonheur me cause est si vive, si profonde, que je suis sûr d'être à peu près sauvé !

— Comment cela ?

— Mon médecin ne m'a-t-il pas dit cent fois que souvent une violente secousse morale suffisait pour donner ou pour guérir cette funeste maladie... Pourquoi les émotions heureuses seraient-elles impuissantes à nous sauver ?

— Si vous croyez cela... monsieur le marquis, cela sera... Cela est... vous êtes guéri! Mais c'est donc un jour béni que celui-ci ?... Ah! comme vous le dites, monsieur, madame la marquise est un bon ange descendu du ciel, et je commence presque à m'effrayer aussi, monsieur, c'est peut-être trop de félicité en un jour ; mais j'y songe... si pour vous rassurer il ne vous faut qu'un petit chagrin, Dieu merci! j'ai votre affaire.

— Comment?

— Un de vos amis a reçu très-heureusement et très à propos, voyez comme ça se trouve! a reçu un coup d'épée... bien peu grave, il est vrai; mais c'est égal, ça suffira toujours à vous chagriner assez pour qu'il y ait, comme vous le désiriez, une petite tache dans ce trop beau jour. Il est vrai qu'eu égard à cela, il vaudrait mieux que le coup d'épée fût plus dangereux, mais il faut se contenter de ce que l'on a.

—Veux-tu te taire!... Et de qui veux-tu parler?

—De M. le duc de Lucenay.

—Il est blessé?

—Une égratignure au bras. M. le duc est venu hier pour voir monsieur, et il a dit qu'il reviendrait ce matin lui demander une tasse de thé...

—Ce pauvre Lucenay! et pourquoi ne m'as-tu pas dit...

—Hier soir je n'ai pu voir monsieur le marquis.

Après un moment de réflexion, M. d'Harville reprit:

—Tu as raison, ce léger chagrin satisfera sans doute la jalouse destinée... Mais il me vient une idée, j'ai envie d'improviser ce matin un déjeuner de garçons, tous amis de M. de Lucenay, pour fêter l'heureuse issue de son duel... Ne s'attendant pas à cette réunion, il sera enchanté.

—A la bonne heure! monsieur le marquis. Vive la joie! rattrapez le temps perdu... Combien de couverts, que je donne les ordres au maître-d'hôtel?

— Six personnes dans la petite salle à manger d'hiver.

— Et les invitations?

— Je vais les écrire. Un homme d'écurie montera à cheval et les portera à l'instant; il est de bonne heure, on trouvera tout le monde... Sonne.

Joseph sonna.

M. d'Harville entra dans son cabinet et écrivit les lettres suivantes, sans autre variante que le nom de l'invité.

« Mon cher ***, ceci est une circulaire; il s'agit d'un impromptu. Lucenay doit venir déjeuner avec moi ce matin; il ne compte que sur un tête-à-tête; faites-lui la très-aimable surprise de vous joindre à moi et à quelques-uns de ses amis que je fais aussi prévenir.

» A midi sans faute.

» A. D'HARVILLE. »

Un domestique entra.

— Faites monter quelqu'un à cheval, et que l'on porte à l'instant ces lettres — dit M. d'Harville; puis s'adressant à Joseph —

écris les adresses..... *M. le vicomte de Saint-Remy*... Lucenay ne peut se passer de lui — se dit M. d'Harville; — *M. de Monville*... un des compagnons de voyage du duc ; — *lord Douglas*, son fidèle partner au whist; — *le baron de Sézannes*, son ami d'enfance.... As-tu écrit?...

— Oui, monsieur le marquis.

— Envoyez ces lettres sans perdre une minute — dit M. d'Harville... Ah! Philippe, priez M. Doublet de venir me parler.

Philippe sortit.

— Eh bien, qu'as-tu? — demanda M. d'Harville à Joseph, qui le regardait avec ébahissement.

— Je n'en reviens pas, monsieur... je ne vous ai jamais vu l'air si en train, si gai... Et puis, vous qui êtes ordinairement pâle, vous avez de belles couleurs... vos yeux brillent...

— Le bonheur... mon vieux Joseph... toujours le bonheur... Ah çà! il faut que tu m'aides dans un complot... Tu vas aller t'informer auprès de mademoiselle Juliette, celle des femmes de madame d'Harville qui a soin, je crois, de ses diamants...

— Oui, monsieur le marquis, c'est mademoiselle Juliette qui en est chargée; je l'ai aidée, il n'y a pas huit jours, à les nettoyer.

— Tu vas lui demander le nom et l'adresse du joaillier de sa maîtresse... mais qu'elle ne dise pas un mot de ceci à la marquise!..

— Ah! je comprends, monsieur... une surprise...

— Va vite. Voici M. Doublet.

En effet, l'intendant entra au moment où sortait Joseph.

— J'ai l'honneur de me rendre aux ordres de M. le marquis.

— Mon cher monsieur Doublet, je vais vous épouvanter — dit M. d'Harville en riant; — je vais vous faire pousser d'affreux cris de détresse.

— A moi, monsieur le marquis?

— A vous.

— Je ferai tout mon possible pour satisfaire monsieur le marquis.

— Je vais dépenser beaucoup d'argent, monsieur Doublet, énormément d'argent.

— Qu'à cela ne tienne, monsieur le marquis, nous le pouvons; Dieu merci! nous le pouvons.

— Depuis long-temps je suis poursuivi par un projet de bâtisse : il s'agirait d'ajouter une galerie sur le jardin à l'aile droite de l'hôtel... Après avoir hésité devant cette folie, dont je ne vous ai pas parlé jusqu'ici, je me décide... Il faudra prévenir aujourd'hui mon architecte afin qu'il vienne causer des plans avec moi... Eh bien! monsieur Doublet, vous ne gémissez pas de cette dépense?

— Je puis affirmer à M. le marquis que je ne gémis pas...

— Cette galerie sera destinée à donner des fêtes; je veux qu'elle s'élève comme par enchantement : or les enchantements étant fort chers, il faudra vendre quinze ou vingt mille livres de rente pour être en mesure de fournir aux dépenses; car je veux que les travaux commencent le plus tôt possible.

— Et c'est très-raisonnable; autant jouir tout de suite... Je me disais toujours : Il ne manque rien à M. le marquis, si ce n'est un goût quelconque... Celui des bâtiments a cela de bon que les bâtiments restent... Quant à l'argent, que M. le marquis ne s'en inquiète pas. Dieu merci ! il peut, s'il lui plaît, se passer cette fantaisie de galerie-là.

Joseph rentra.

— Voici, monsieur le marquis, l'adresse du joaillier; il se nomme M. Baudoin — dit-il à M. d'Harville.

— Mon cher monsieur Doublet, vous allez aller, je vous prie, chez ce bijoutier, et lui direz d'apporter ici, dans une heure, une rivière de diamants, à laquelle je mettrai environ deux mille louis... Les femmes n'ont jamais trop de pierreries, maintenant qu'on en garnit les robes... Vous vous arrangerez avec le joaillier pour le payement.

— Oui, monsieur le marquis. C'est pour le coup que je ne gémirai pas... Des diamants, c'est comme des bâtiments, ça reste; et puis cette surprise fera sans doute bien plaisir à madame la marquise, sans compter le plaisir que cela vous procure à vous-même. C'est qu'aussi, comme j'avais l'honneur de le dire l'autre jour, il n'y a pas au monde une existence plus belle que celle de monsieur le marquis.

— Ce cher monsieur Doublet — dit M. d'Harville en souriant — ses félicitations sont toujours d'un à-propos inconcevable...

— C'est leur seul mérite, monsieur le marquis, et elles l'ont peut-être, ce mérite, parce qu'elles partent du fond du cœur. Je cours chez le joaillier — dit M. Doublet. Et il sortit.

Dès qu'il fut seul, M. d'Harville se promena dans son cabinet, les bras croisés sur la poitrine, l'œil fixe, méditatif.

Sa physionomie changea tout à coup; elle n'exprima plus ce contentement dont l'intendant et le vieux serviteur du marquis venaient d'être dupes, mais une résolution calme, morne, froide.

Après avoir marché quelque temps, il s'assit lourdement et comme accablé sous le poids de ses peines; il posa ses deux coudes sur son bureau, et cacha son front dans ses mains.

Au bout d'un instant il se redressa brusquement, essuya une larme qui vint mouiller sa paupière rougie, et dit avec effort:

— Allons... courage... allons.

Il écrivit alors à diverses personnes sur des objets assez insignifiants ; mais, dans ces lettres, il donnait ou ajournait différents rendez-vous à plusieurs jours de là.

Le marquis terminait cette correspondance lorsque Joseph rentra; ce dernier était si gai, qu'il s'oubliait jusqu'à chantonner à son tour.

— Monsieur Joseph, vous avez une bien jolie voix — lui dit son maître en souriant.

— Ma foi, tant pis, monsieur le marquis, je n'y tiens pas; ça chante si fort au dedans de moi qu'il faut bien que ça s'entende au dehors...

— Tu feras mettre ces lettres à la poste.

— Oui, monsieur le marquis; mais où recevrez-vous ces messieurs tout à l'heure?

— Ici, dans mon cabinet, ils fumeront après déjeuner, et l'odeur du tabac n'arrivera pas chez madame d'Harville.

A ce moment, on entendit le bruit d'une voiture dans la cour de l'hôtel.

— C'est madame la marquise qui va sortir, elle a demandé ce matin ses chevaux de très-bonne heure — dit Joseph.

— Cours alors la prier de vouloir bien passer ici avant de sortir.

— Oui, monsieur le marquis.

A peine le domestique fut-il parti que M. d'Harville s'approcha d'une glace et s'examina attentivement.

— Bien, bien — dit-il d'une voix sourde — c'est cela... les joues colorées, le regard brillant... Joie ou fièvre... peu importe... pourvu qu'on s'y trompe... Voyons, maintenant... le sourire aux lèvres... Il y a tant de sortes de sourires... Mais qui pourrait distinguer le faux du vrai? qui pourrait pénétrer sous ce masque menteur, dire : Ce rire cache un sombre désespoir, cette gaieté bruyante cache une pensée de mort? Qui pourrait deviner cela? personne... heureusement... personne... Personne? Oh! si... l'amour ne s'y méprendrait pas, lui; son instinct l'éclairerait. Mais j'entends ma femme... ma femme!!! allons... à ton rôle, histrion sinistre...

Clémence entra dans le cabinet de M. d'Harville.

— Bonjour, Albert, mon bon frère — lui dit-elle d'un ton plein de douceur et d'affection en lui tendant la main. Puis, remarquant l'expression souriante de la physionomie de son mari : — Qu'avez-vous donc, mon ami? Vous avez l'air radieux.

— C'est qu'au moment où vous êtes entrée, ma chère petite sœur, je pensais à vous... De plus, j'étais sous l'impression d'une excellente résolution...

— Cela ne m'étonne pas...

— Ce qui s'est passé hier, votre admirable générosité, la noble conduite du prince, tout cela m'a donné beaucoup à réfléchir, et je me suis converti à vos idées; mais converti tout à fait, en regrettant mes velléités de révolte d'hier... que vous excuserez, au moins par coquetterie, n'est-ce pas? — ajouta-t-il en souriant. — Car vous ne m'auriez pas pardonné, j'en suis sûr, de renoncer trop facilement à votre amour.

— Quel langage... quel heureux changement! — s'écria madame d'Harville. — Ah! j'étais bien sûre qu'en m'adressant à votre cœur, à votre raison, vous me comprendriez. Maintenant je ne doute plus de l'avenir.

— Ni moi non plus, Clémence, je vous l'assure. Oui, depuis ma résolution de cette nuit, cet avenir, qui me semblait vague et sombre, s'est singulièrement éclairci, simplifié.

— Rien de plus naturel, mon ami ; maintenant nous marchons vers un même but, appuyés fraternellement l'un sur l'autre. Au bout de notre carrière, nous nous retrouverons ce que nous sommes aujourd'hui. Ce sentiment sera inaltérable. Enfin, je veux que vous soyez heureux ; et ce sera, car je l'ai mis là — dit Clémence en posant son doigt sur son front. Puis elle reprit avec une expression charmante, en abaissant sa main sur son cœur: — Non, je me trompe, c'est là... que cette bonne pensée veillera incessamment... pour vous... et pour moi aussi; et vous verrez, monsieur mon frère, ce que c'est que l'entêtement d'un cœur bien dévoué.

— Chère Clémence ! — répondit M. d'Harville avec une émotion contenue.

Puis, après un moment de silence, il reprit gaiement :

— Je vous ai fait prier de vouloir bien venir ici avant votre départ, pour vous prévenir que je ne pouvais pas prendre ce matin le thé avec vous. J'ai plusieurs personnes à déjeuner; c'est une espèce d'impromptu pour fêter l'heureuse issue du duel de ce pauvre Lucenay, qui, du reste, n'a été que très-légèrement blessé par son adversaire.

Madame d'Harville rougit en songeant à la cause de ce duel : un propos ridicule adressé devant elle par M. de Lucenay à M. Charles Robert.

Ce souvenir fut cruel pour Clémence, il lui rappelait une erreur dont elle avait honte.

Pour échapper à cette pénible impression, elle dit à son mari :

— Voyez quel singulier hasard : M. de Lucenay vient déjeuner avec vous ; je vais, moi, peut-être très-indiscrètement, m'inviter ce matin chez madame de Lucenay ; car j'ai beaucoup à causer avec elle de mes deux protégées inconnues. De là, je compte aller à la prison de Saint-Lazare avec madame de Blainval ; car vous ne savez pas toutes mes ambitions : à cette heure *j'intrigue* pour être admise dans l'œuvre des jeunes détenues.

— En vérité, vous êtes insatiable — dit M. d'Harville en souriant; puis il ajouta avec une douloureuse émotion qui, malgré ses efforts, se trahit quelque peu : — Ainsi, je ne vous verrai plus... d'aujourd'hui ? — se hâta-t-il de dire.

— Êtes-vous contrarié que je sorte de si matin ? — lui demanda vivement Clémence, étonnée de l'accent de sa voix. — Si vous le désirez, je puis remettre ma visite à madame de Lucenay.

Le marquis avait été sur le point de se trahir; il reprit du ton le plus affectueux :

— Oui, ma chère petite sœur, je suis aussi contrarié de vous voir sortir que je serai impatient de vous voir rentrer. Voilà de ces défauts dont je ne me corrigerai jamais.

— Et vous ferez bien, mon ami; car j'en serais désolée.

Un timbre annonçant une visite retentit dans l'hôtel.

— Voilà sans doute un de vos convives — dit madame d'Harville. — Je vous laisse... A propos, ce soir, que faites-vous? Si vous n'avez pas disposé de votre soirée, *j'exige* que vous m'accompagniez aux Italiens; peut-être maintenant la musique vous plaira-t-elle davantage!

— Je me mets à vos ordres avec le plus grand plaisir.

— Sortez-vous tantôt, mon ami? Vous reverrai-je avant dîner?

— Je ne sors pas... Vous me retrouverez... ici.

— Alors, en revenant, je viendrai savoir si votre déjeuner de garçons a été amusant.

— Adieu, Clémence.

— Adieu, mon ami... à bientôt!.. Je vous laisse le champ libre, je vous souhaite mille bonnes folies... Soyez bien gai!

Et, après avoir cordialement serré la main de son mari, Clémence sortit par une porte un moment avant que M. de Lucenay n'entrât par une autre.

— Elle me souhaite mille bonnes folies... elle m'engage à être *gai*... Dans ce mot *adieu*, dans ce dernier cri de mon âme à l'agonie, dans cette parole de suprême et éternelle séparation, elle a compris... *à bientôt*... et elle s'en va tranquille, souriante... Allons... cela fait honneur à ma dissimulation... Par le ciel! je ne me croyais pas si bon comédien... Mais voici Lucenay...

CHAPITRE VI.

DÉJEUNER DE GARÇONS.

M. de Lucenay entra chez M. d'Harville.

La blessure du duc avait si peu de gravité qu'il ne portait même plus son bras en écharpe; sa physionomie était toujours goguenarde et hautaine, son agitation toujours incessante, sa manie de *tracasser* toujours insurmontable. Malgré ses travers, ses plaisanteries de mauvais goût, malgré son nez démesuré qui donnait à sa figure un caractère presque grotesque, M. de Lucenay n'était pas, nous l'avons dit, un type vulgaire, grâce à une sorte de dignité naturelle et de courageuse impertinence qui ne l'abandonnait jamais.

— Combien vous devez me croire indifférent à ce qui vous regarde, mon cher Henri !

— dit M. d'Harville en tendant la main à M. de Lucenay; — mais c'est seulement ce matin que j'ai appris votre fâcheuse aventure...

— Fâcheuse... allons donc, marquis !.. Je m'en suis donné pour mon argent, comme on dit... Je n'ai jamais tant ri de ma vie !.. Cet excellent M. Robert avait l'air si solennellement déterminé à ne pas passer pour avoir la pituite... Au fait, vous ne savez pas? c'était la cause du duel. L'autre soir, à l'ambassade de ***, je lui avais demandé, devant votre femme et devant la comtesse Mac-Grégor, comme il la gouvernait, sa pituite... *Inde iræ;* car, entre nous, il n'avait pas cet inconvénient-là... Mais c'est égal... Vous comprenez... s'entendre dire cela devant de jolies femmes, c'est impatientant.

— Quelle folie !.. Je vous reconnais bien !.. Mais qu'est-ce que M. Robert?

— Je n'en sais, ma foi, rien du tout; c'est un monsieur que j'ai rencontré aux eaux; il passait devant nous dans le jardin d'hiver de l'ambassade, je l'ai appelé pour lui faire cette bête de plaisanterie; il y a répondu le surlendemain en me donnant très-galamment un petit coup d'épée ; voilà nos relations. Mais ne parlons plus de ces niaiseries... Je viens vous demander une tasse de thé.

Ce disant, M. de Lucenay se jeta et s'étendit sur un sofa ; après quoi, introduisant le bout de sa canne entre le mur et la bordure d'un tableau placé au-dessus de sa tête, il commença de tracasser et de balancer ce cadre.

— Je vous attendais, mon cher Henri, et je vous ai ménagé une surprise — dit M. d'Harville.

— Ah ! bah ! et laquelle ? — s'écria M. de Lucenay en imprimant au tableau un balancement très-inquiétant.

— Vous allez finir par décrocher ce tableau, et vous le faire tomber sur la tête...

— C'est, pardieu, vrai ! vous avez un coup d'œil d'aigle... Mais votre surprise, dites-la donc ?

— J'ai prié quelques-uns de nos amis de venir déjeuner avec nous.

— Ah bien ! par exemple, pour ça, marquis, bravo !.. bravissimo !.. archi-bravissimo ! — cria M. de Lucenay à tue-tête en frappant de grands coups de canne sur les coussins du sofa. — Et qui aurons-nous? Saint-Remy ?... Non, au fait, il est à la campagne depuis quelques jours; que diable peut-il manigancer à la campagne en plein hiver?

— Vous êtes sûr qu'il n'est pas à Paris?

— Très-sûr; je lui avais écrit pour lui demander de me servir de témoin... Il était absent, je me suis rabattu sur lord Douglas et sur Césanne...

— Cela se rencontre à merveille, ils déjeunent avec nous.

— Bravo! bravo! bravo! — se mit à crier de nouveau M. de Lucenay. Puis, se tordant et se roulant sur le sofa, il accompagna cette fois ses cris inhumains d'une série de sauts de carpe à désespérer un batelier.

Les évolutions acrobatiques du duc de Lucenay furent interrompues par l'arrivée de M. de Saint-Remy.

— Je n'ai pas eu besoin de demander si Lucenay était ici — dit gaiement le vicomte. — On l'entend d'en bas!

— Comment! c'est vous, beau Sylvain, campagnard! loup-garou! — s'écria le duc étonné, en se redressant brusquement; — on vous croyait à la campagne...

— Je suis de retour depuis hier; j'ai reçu tout à l'heure l'invitation de d'Harville, et j'accours... tout joyeux de cette bonne surprise.
— Et M. de Saint-Remy tendit la main à M. de Lucenay, puis au marquis.

— Et je vous sais bien gré de cet empressement, mon cher Saint-Remy. N'est-ce pas naturel? Les amis de Lucenay ne doivent-ils pas se réjouir de l'heureuse issue de ce duel, qui, après tout, pouvait avoir des suites fâcheuses...

— Mais — reprit obstinément le duc — qu'est-ce donc que vous avez été faire à la campagne en plein hiver, Saint-Remy? cela m'intrigue.

— Est-il curieux ! — dit le vicomte en s'adressant à M. d'Harville. Puis il répondit au duc : — Je veux me sevrer peu à peu de Paris... puisque je dois le quitter bientôt...

— Ah ! oui, cette belle imagination de vous faire attacher à la légation de France à Gerolstein... Laissez-nous donc tranquilles avec vos billevesées de diplomatie! vous n'irez jamais là... ma femme le dit et tout le monde le répète...

— Je vous assure que madame de Lucenay se trompe comme tout le monde.

— Elle vous a dit devant moi que c'était une folie...

— J'en ai tant fait dans ma vie !

— Des folies élégantes et charmantes, à la bonne heure, comme qui dirait de vous ruiner par vos magnificences de Sardanapale, j'admets ça ; mais aller vous enterrer dans un trou de cour pareil... à Gerolstein !.. Voyez donc la belle poussée... Ça n'est pas une folie, c'est une bêtise, et vous avez trop d'esprit pour en faire... des bêtises.

— Prenez garde, mon cher Lucenay ; en médisant de cette cour allemande, vous allez vous faire une querelle avec d'Harville, l'ami intime du grand-duc régnant, qui, du reste, m'a l'autre jour accueilli avec la meilleure grâce du monde à l'ambassade de *** où je lui ai été présenté.

— Vraiment ! mon cher Henri — dit M. d'Harville — si vous connaissiez le grand-duc comme je le connais, vous comprendriez que Saint-Remy n'ait aucune répugnance à aller passer quelque temps à Gérolstein.

— Je vous crois, marquis, quoiqu'on le dise fièrement original, votre grand-duc ; mais ça n'empêche pas qu'un *beau* comme Saint-Remy, la fine fleur de la fleur des pois, ne peut vivre qu'à Paris... il n'est en toute valeur qu'à Paris.

Les autres convives de M. d'Harville venaient d'arriver, lorsque Joseph entra et dit quelques mots tout bas à son maître.

— Messieurs, vous permettez?.. — dit le marquis. — C'est le joaillier de ma femme qui m'apporte des diamants à choisir pour elle... une surprise... Vous connaissez cela, Lucenay... nous sommes des maris de la vieille roche, nous autres...

— Ah! pardieu, s'il s'agit de surprise — s'écria le duc — ma femme m'en a fait une hier... et une fameuse encore!!!

— Quelque cadeau splendide?

— Elle m'a demandé.... cent mille francs...

— Et comme vous êtes magnifique... vous les lui avez...

— Prêtés!... ils seront hypothéqués sur sa terre d'Arnouville... Les bons comptes font les bons amis... Mais c'est égal... prêter en deux heures cent mille francs à quelqu'un qui en a besoin, c'est gentil et c'est rare... N'est-ce pas, dissipateur, vous qui êtes très-connaisseur en emprunts... — dit en riant le duc à M. de Saint-Remy, sans se douter de la portée de ses paroles.

Malgré son audace, le vicomte rougit d'abord légèrement un peu, puis il reprit effrontément :

— Cent mille francs ! mais c'est énorme... Comment une femme peut-elle jamais avoir besoin de cent mille francs ?.. Nous autres hommes, à la bonne heure.

—Ma foi, je ne sais pas ce qu'elle veut faire de cette somme-là... ma femme. D'ailleurs ça m'est égal... Des arriérés de toilette probablement... des fournisseurs impatientés et exigeants ; ça la regarde... Et puis vous sentez bien, mon cher Saint-Remy, que, lui prêtant mon argent, il eût été du plus mauvais goût à moi de lui en demander l'emploi.

— C'est pourtant presque toujours une curiosité particulière à ceux qui prêtent de savoir ce qu'on veut faire de l'argent qu'on leur emprunte... — dit le vicomte en riant.

— Parbleu ! Saint-Remy — dit M. d'Harville — vous qui avez un si excellent goût, vous allez m'aider à choisir la parure que je destine à ma femme; votre approbation consacrera mon choix, vos arrêts sont souverains en fait de modes...

Le joaillier entra, portant plusieurs écrins dans un grand sac de peau.

— Tiens, c'est M. Baudoin ! — dit M. de Lucenay.

— A vous rendre mes devoirs, monsieur le duc.

— Je suis sûr que c'est vous qui ruinez ma femme avec vos tentations infernales et éblouissantes ? — dit M. de Lucenay.

— Madame la duchesse s'est contentée de faire seulement remonter ses diamants cet hiver — dit le joaillier avec un léger embarras.

— Et justement, en venant chez monsieur le marquis, je les ai portés à madame la duchesse.

M. de Saint-Remy savait que madame de Lucenay, pour venir à son aide, avait changé ses pierreries pour des diamants faux; il fut désagréablement frappé de cette rencontre... mais il reprit audacieusement :

— Ces maris sont-ils curieux ! ne répondez donc pas, monsieur Baudoin.

— Curieux! ma foi, non — dit le duc — c'est ma femme qui paye... elle peut se passer toutes ses fantaisies... elle est plus riche que moi...

Pendant cet entretien, M. Baudoin avait étalé sur un bureau plusieurs admirables colliers de rubis et de diamants.

— Quel éclat!... et que ces pierres sont divinement taillées! — dit lord Douglas.

— Hélas! monsieur — répondit le joaillier — j'employais à ce travail un des meilleurs lapidaires de Paris; le malheur veut qu'il soit devenu fou, et jamais je ne retrouverai un ouvrier pareil. Ma courtière en pierreries m'a dit que c'est probablement la misère qui lui a fait perdre la tête, à ce pauvre homme.

— La misère!... Et vous confiez des diamants à des gens dans la misère!

— Certainement, monsieur, et il est sans exemple qu'un lapidaire ait jamais rien détourné, quoique ce soit un rude et pauvre état que le leur.

— Combien ce collier ? — demanda M. d'Harville.

— Monsieur le marquis remarquera que les pierres sont d'une eau et d'une coupe magnifiques, presque toutes de la même grosseur.

— Voici des précautions oratoires des plus menaçantes pour votre bourse — dit M. de Saint-Remy en riant; — attendez-vous, mon cher d'Harville, à quelque prix exorbitant.

— Voyons, monsieur Baudoin, en conscience, votre dernier mot? — dit M. d'Harville.

— Je ne voudrais pas faire marchander monsieur le marquis... Le dernier prix sera de quarante-deux mille francs.

— Messieurs! — s'écria M. de Lucenay — admirons d'Harville en silence, nous autres maris... Ménager à sa femme une surprise de quarante-deux mille francs!... Diable! n'allons pas ébruiter cela, ce serait d'un exemple détestable.

— Riez tant qu'il vous plaira, messieurs — dit gaiement le marquis. — Je suis amoureux de ma femme, je ne m'en cache pas; je le dis, je m'en vante!

— On le voit bien — reprit M. de Saint-Remy; — un tel cadeau en dit plus que toutes les protestations du monde.

— Je prends donc ce collier — dit M. d'Harville — si toutefois cette monture d'émail noir vous semble de bon goût, Saint-Remy.

— Elle fait encore valoir l'éclat des pierreries; elle est disposée à merveille!

— Je me décide pour ce collier — dit M. d'Harville. — Vous aurez, monsieur Baudoin, à compter avec M. Doublet, mon homme d'affaires.

— M. Doublet m'a prévenu, monsieur le marquis — dit le joaillier, et il sortit après avoir remis dans son sac, sans les compter (tant sa confiance était grande), les diverses pierreries qu'il avait apportées, et que M. de Saint-Remy avait long-temps et curieusement maniées et examinées durant cet entretien.

M. d'Harville, donnant le collier à Joseph qui avait attendu ses ordres, lui dit tout bas :

— Il faut que mademoiselle Juliette mette adroitement ces diamants avec ceux de sa maîtresse, sans que celle-ci s'en doute, pour que la surprise soit plus complète.

A ce moment, le maître-d'hôtel annonça que le déjeuner était servi ; les convives du marquis passèrent dans la salle à manger et s'attablèrent.

— Savez-vous, mon cher d'Harville — dit M. de Lucenay — que cette maison est une des plus élégantes et des mieux distribuées de Paris ?

— Elle est assez commode, en effet, mais elle manque d'espace... mon projet est de faire ajouter une galerie sur le jardin. Madame d'Harville désire donner quelques grands bals, et nos salons ne suffiraient pas... Puis je trouve qu'il n'y a rien de plus incommode que les empiétements des fêtes sur les appartements que l'on occupe habituellement, et dont elles vous exilent de temps à autre.

— Je suis de l'avis de d'Harville — dit M. de Saint-Remy ; — rien de plus mesquin, de plus bourgeois que ces déménagements forcés par autorité de bals ou de concerts... Pour donner des fêtes vraiment belles sans se gêner, il faut leur consacrer un emplacement particulier; et puis de vastes et éblouissantes salles, destinées à un bal splendide, doivent avoir un tout autre caractère que celui des salons ordinaires : il y a entre ces deux espèces d'appartements la même différence qu'entre la peinture à fresque monumentale et les tableaux de chevalet.

— Il a raison — dit M. d'Harville; — quel dommage, messieurs, que Saint-Remy n'ait pas douze à quinze cent mille livres de rentes! quelles merveilles il nous ferait admirer!

— Puisque nous avons le bonheur de jouir d'un gouvernement représentatif — dit le duc de Lucenay — le pays ne devrait-il pas voter un million par an à Saint-Remy, et le charger de représenter à Paris le goût et l'élégance françaises qui décideraient du goût et de l'élégance de l'Europe... du monde?

— Adopté! — cria-t-on en chœur.

— Et l'on prélèverait ce million annuel, en manière d'impôt, sur ces abominables fesse-mathieux qui, possesseurs de fortunes énormes, seraient prévenus, atteints et convaincus de vivre comme des grippe-sous — ajouta M. de

Lucenay.—Et comme tels— reprit M. d'Harville — condamnés à défrayer des magnificences qu'ils devraient étaler.

—Sans compter que ces fonctions de grand-prêtre, ou plutôt de grand-maître de l'élégance — reprit M. de Lucenay — dévolues à Saint-Remy, auraient, par l'imitation, une prodigieuse influence sur le goût général...

— Il serait le type auquel on voudrait toujours ressembler.

— C'est clair.

— Et en tâchant de le copier, le goût s'épurerait.

— Au temps de la Renaissance le goût est devenu partout excellent, parce qu'il se modelait sur celui des aristocraties, qui était exquis.

— A la grave tournure que prend la question — reprit gaiement M. d'Harville — je vois qu'il ne s'agit plus que d'adresser une pétition aux Chambres pour l'établissement de la charge de grand-maître de l'élégance française.

— Et comme les députés, sans exception, passent pour avoir des idées très-grandes, très-artistiques et très-magnifiques, cela sera voté par acclamation.

— En attendant la décision qui consacrera en droit la suprématie que Saint-Remy exerce en fait — dit M. d'Harville — je lui demanderai ses conseils pour la galerie que je vais faire construire; car j'ai été frappé de ses idées sur la splendeur des fêtes.

— Mes faibles lumières sont à vos ordres, d'Harville.

— Et quand inaugurerons-nous vos magnificences, mon cher?

— L'an prochain, je suppose; car je vais faire commencer immédiatement les travaux.

— Quel homme à projets vous êtes!

— J'en ai bien d'autres, ma foi... Je médite un bouleversement complet du *Val-Richer*.

— Votre terre de Bourgogne?

— Oui; il y a là quelque chose d'admirable à faire, si toutefois... Dieu me prête vie...

— Pauvre vieillard!...

— Mais n'avez-vous pas acheté dernièrement une ferme près du *Val-Richer* pour vous arrondir encore?

— Oui, une très-bonne affaire que mon notaire m'a conseillée.

— Et quel est ce rare et précieux notaire qui conseille de si bonnes affaires?

— M. Jacques Ferrand.

A ce nom, un léger tressaillement plissa le front de M. de Saint-Remy.

— Est-il vraiment aussi honnête homme qu'on le dit? — demanda-t-il négligemment à M. d'Harville, qui se souvint alors de ce que Rodolphe avait raconté à Clémence à propos du notaire.

— Jacques Ferrand? quelle question! mais c'est un homme d'une probité antique! — dit M. de Lucenay.

— Aussi respecté que respectable.

— Très-pieux... ce qui ne gâte rien.

— Excessivement avare... ce qui est une garantie pour ses clients.

— C'est enfin un de ces notaires de la vieille roche, qui vous demandent pour qui vous les prenez lorsqu'on s'avise de leur parler de reçu à propos de l'argent qu'on leur confie.

— Rien qu'à cause de cela, moi, je lui confierais toute ma fortune.

— Mais où diable Saint-Remy a-t-il été chercher ses doutes à propos de ce digne homme, d'une intégrité proverbiale?

— Je ne suis que l'écho de bruits vagues... Du reste, je n'ai aucune raison pour nier ce phénix des notaires... Mais, pour revenir à vos projets, d'Harville, que voulez-vous donc bâtir au *Val-Richer?* On dit le château admirable?...

— Vous serez consulté, soyez tranquille, mon cher Saint-Remy, et plus tôt peut-être que vous ne pensez, car je me fais une joie de ces travaux; il me semble qu'il n'y a rien de plus attachant que d'avoir ainsi des intérêts successifs qui échelonnent et occupent les années à venir... Aujourd'hui ce projet... dans un an celui-ci... plus tard c'est autre chose... Joignez à cela une femme charmante que l'on adore, qui est de moitié dans tous vos goûts... dans tous vos desseins... et, ma foi... la vie se passe assez doucement.

— Je le crois, pardieu! bien, c'est un vrai paradis sur terre...

— Maintenant, messieurs — dit d'Harville lorsque le déjeuner fut terminé, — si vous voulez fumer un cigare dans mon cabinet, vous en trouverez d'excellents.

On se leva de table, on rentra dans le cabinet du marquis; la porte de sa chambre à coucher, qui y communiquait, était ouverte. Nous avons dit que le seul ornement de cette pièce se composait de deux panoplies de très-belles armes.

M. de Lucenay, ayant allumé un cigare, suivit le marquis dans sa chambre.

— Vous voyez, je suis toujours amateur d'armes — lui dit M. d'Harville.

— Voilà, en effet, de magnifiques fusils anglais et français; ma foi, je ne saurais auxquels donner la préférence... Douglas!—cria M. de Lucenay —venez donc voir si ces fusils ne peuvent rivaliser avec vos meilleurs *Manton*...

Lord Douglas, Saint-Remy et deux autres convives entrèrent dans la chambre du marquis pour examiner les armes.

M. d'Harville, prenant un pistolet de combat, l'arma, et dit en riant :

— Voici, messieurs, la panacée universelle pour tous les maux... le *spleen*... l'ennui...

Et il approcha, en plaisantant, le canon de ses lèvres.

— Ma foi! moi je préfère un autre spécifique — dit Saint-Remy; — celui-là n'est bon que dans les cas désespérés.

— Oui, mais il est si prompt — dit M. d'Harville. — Zest! et c'est fait; la volonté n'est pas plus rapide... Vraiment, c'est merveilleux.

— Prenez donc garde, d'Harville; ces plaisanteries-là sont toujours dangereuses; un malheur est si vite arrivé! — dit M. de Lucenay, voyant le marquis approcher encore le pistolet de ses lèvres.

— Parbleu... mon cher, croyez-vous que s'il était chargé je jouerais ce jeu-là?

— Sans doute, mais c'est toujours imprudent...

— Tenez, messieurs, voilà comme on s'y prend : on introduit délicatement le canon entre ses dents... et alors...

— Mon Dieu! que vous êtes donc bête, d'Harville... quand vous vous y mettez! — dit M. de Lucenay en haussant les épaules.

— On approche le doigt de la détente... — ajouta M. d'Harville.

— Est-il enfant... est-il enfant... à son âge !

— Un petit mouvement sur la gâchette... — reprit le marquis — et l'on va droit chez les âmes.

Avec ces mots le coup partit.

M. d'Harville s'était brûlé la cervelle.

. . . .

Nous renonçons à peindre la stupeur, l'épouvante des convives de M. d'Harville.

Le lendemain, on devait lire dans un journal :

« Hier, un événement aussi imprévu que
» déplorable a mis en émoi tout le faubourg
» Saint-Germain. Une de ces imprudences
» qui amènent chaque année de si funestes
» accidents, a causé un affreux malheur.
» Voici les faits que nous avons recueillis,
» et dont nous pouvons garantir l'authenti-
» cité :

» M. le marquis d'Harville, possesseur d'une
» fortune immense, âgé à peine de vingt-six
» ans, cité pour la bonté de son cœur, marié

» depuis peu d'années à une femme qu'il ido-
» lâtrait, avait réuni quelques-uns de ses
» amis à déjeuner. En sortant de table, on
» passa dans la chambre à coucher de M. d'Har-
» ville, où se trouvaient plusieurs armes de
» prix. En faisant examiner à ses convives
» quelques fusils, M. d'Harville prit en plaisan-
» tant un pistolet qu'il ne croyait pas chargé et
» l'approcha de ses lèvres... Dans sa sécurité,
» il pesa sur la gâchette... le coup partit !.. et
» le malheureux jeune homme tomba mort,
» la tête horriblement fracassée! Que l'on juge
» de l'effroyable consternation des amis de
» M. d'Harville, auxquels un instant aupara-
» vant, plein de jeunesse, de bonheur et d'ave-
» nir, il faisait part de différents projets! Enfin,
» comme si toutes les circonstances de ce dou-
» loureux événement devaient le rendre plus
» cruel encore par de pénibles contrastes, le
» matin même M. d'Harville, voulant ména-
» ger une surprise à sa femme, avait acheté
» une parure d'un grand prix qu'il lui des-
» tinait... Et c'est au moment où peut-être ja-
» mais la vie ne lui avait paru plus riante et
» plus belle qu'il tombe victime d'un effroya-
» ble accident...

» En présence d'un pareil malheur, toutes
» réflexions sont inutiles, on ne peut que res-
» ter anéanti devant les arrêts impénétrables
» de la Providence. »

. . . .

Nous citons le journal, afin de consacrer, pour ainsi dire, la croyance générale, qui attribua la mort du mari de Clémence à une fatale et déplorable imprudence...

Est-il besoin de dire que M. d'Harville emporta seul dans la tombe le mystérieux secret de sa mort volontaire...

Oui, volontaire et calculée, et méditée avec autant de sang-froid que de générosité... afin que Clémence ne pût concevoir le plus léger soupçon sur la véritable cause de ce suicide.

Ainsi les projets dont M. d'Harville avait entretenu son intendant et ses amis, ces heureuses confidences à son vieux serviteur, la surprise que le matin même il avait ménagée à sa femme, tout cela était autant de piéges tendus à la crédulité publique.

Comment supposer qu'un homme si préoccupé de l'avenir, si jaloux de plaire à sa femme, pût songer à se tuer...

Sa mort ne fut donc attribuée et ne pouvait qu'être attribuée à une imprudence.

Quant à sa résolution, un incurable désespoir l'avait dictée.

En se montrant à son égard aussi affectueuse, aussi tendre qu'elle s'était montrée jadis froide et hautaine ; en revenant noblement à lui, Clémence avait éveillé dans le cœur de son mari de douloureux remords.

La voyant si mélancoliquement résignée à cette longue vie sans amour, passée auprès d'un homme atteint d'une incurable et effrayante maladie; bien certain, d'après la solennité des paroles de Clémence, qu'elle ne pourrait jamais vaincre la répugnance qu'il lui inspirait, M. d'Harville s'était pris d'une profonde pitié pour sa femme et d'un effrayant dégoût de lui-même et de la vie...

Dans l'exaspération de sa douleur, il se dit :

— Je n'aime, je ne puis aimer qu'une femme au monde... c'est la mienne... Sa conduite, pleine de cœur et d'élévation, augmenterait encore ma folle passion, s'il était possible de l'augmenter...

Et cette femme, qui est la mienne, ne peut jamais m'appartenir...

Elle a le droit de me mépriser, de me haïr...

— Je l'ai, par une tromperie infâme, enchaînée, jeune fille, à mon détestable sort...

— Je m'en repens... que dois-je faire pour elle maintenant?

— La délivrer des liens odieux que mon égoïsme lui a imposés.

— Ma mort seule peut briser ces liens... il faut donc que je me tue...

Et voilà pourquoi M. d'Harville avait accompli ce grand, ce douloureux sacrifice.

Si le divorce eût existé, ce malheureux se serait-il suicidé?

Non!

Il pouvait réparer en partie le mal qu'il avait fait, rendre sa femme à la liberté, lui permettre de trouver le bonheur dans une autre union...

L'inexorable immutabilité de la loi rend donc souvent certaines fautes irrémédiables, ou, comme dans ce cas, ne permet de les effacer que par un nouveau crime.

CHAPITRE VII.

SAINT-LAZARE.

Nous croyons devoir prévenir les plus timorés de nos lecteurs que la prison de Saint-Lazare, spécialement destinée aux voleuses et aux prostituées, est journellement visitée par plusieurs femmes dont la charité, dont le nom, dont la position sociale commandent le respect de tous.

Ces femmes, élevées au milieu des splendeurs de la fortune; ces femmes, à bon droit comptées parmi la société la plus choisie, viennent chaque semaine passer de longues heures auprès des misérables prisonnières de Saint-Lazare; épiant dans ces âmes dégradées la moindre aspiration vers le bien, le moindre regret d'un passé criminel, elles encouragent les tendances meilleures, fécondent le repentir, et, par la puissante magie de ces mots : *devoir, honneur, vertu*, elles retirent quelquefois de la fange une de ces créatures abandonnées, avilies, méprisées.

Habituées aux délicatesses, à la politesse exquise de la meilleure compagnie, ces femmes courageuses quittent leur hôtel séculaire, appuient leurs lèvres au front virginal de leurs filles pures comme les anges du ciel, et vont dans de sombres prisons braver l'indifférence grossière ou les propos criminels de ces voleuses ou de ces prostituées...

Fidèles à leur mission de haute moralité, elles descendent vaillamment dans cette boue infecte, posent la main sur tous ces cœurs gangrenés, et, si quelque faible battement d'honneur leur révèle un léger espoir de salut, elles disputent et arrachent à une irrévocable perdition l'âme malade dont elles n'ont pas désespéré.

Les lecteurs timorés auxquels nous nous adressons calmeront donc leur susceptibilité en songeant qu'ils n'entendront et ne verront, après tout, que ce que voient et entendent chaque jour les femmes vénérées que nous venons de citer.

Sans oser établir un ambitieux parallèle entre leur mission et la nôtre, pourrons-nous dire que ce qui nous soutient aussi dans cette œuvre longue, pénible, difficile, c'est la conviction d'avoir éveillé quelques nobles sympathies pour les infortunes probes, courageuses, imméritées, pour les repentirs sincères, pour l'honnêteté simple, naïve; et d'avoir inspiré le dégoût, l'aversion, l'horreur, la crainte salutaire de tout ce qui était absolument impur et criminel?

Nous n'avons pas reculé devant les tableaux les plus hideusement vrais, pensant que, comme le feu... la vérité morale... purifie tout.

Notre parole a trop peu de valeur, notre opinion trop peu d'autorité pour que nous prétendions enseigner ou réformer.

Notre unique espoir est d'appeler l'attention des penseurs et des gens de bien sur de grandes misères sociales, dont on peut déplorer, mais non contester la réalité.

Pourtant... parmi les heureux du monde,

quelques-uns, révoltés de la crudité de ces douloureuses peintures, ont crié à l'exagération, à l'invraisemblance, à l'impossibilité... pour n'avoir pas à plaindre (nous ne disons pas à secourir) tant de maux.

Cela se conçoit.

L'égoïste gorgé d'or ou bien repu veut avant tout digérer tranquille... L'aspect des pauvres frissonnant de faim et de froid lui est particulièrement importun... il préfère cuver sa richesse ou sa bonne chère, les yeux à demi ouverts aux visions voluptueuses d'un ballet d'Opéra.

Le plus grand nombre, au contraire, des riches et des heureux ont généreusement compati à certains malheurs qu'ils ignoraient; quelques personnes même nous ont su gré de leur avoir indiqué le bienfaisant emploi d'aumônes nouvelles.

Nous avons été puissamment soutenu, encouragé par de pareilles adhésions.

Cet ouvrage, que nous reconnaissons sans difficulté pour un *livre mauvais* au point de vue de l'art... mais que nous maintenons n'être pas un MAUVAIS LIVRE au point de vue moral... cet ouvrage, disons-nous, n'aurait-il eu dans sa carrière éphémère que le dernier résultat dont nous avons parlé, que nous serions très-fier, très-honoré de notre œuvre.

Quelle plus glorieuse récompense pour nous que les bénédictions de quelques pauvres familles qui auront dû un peu de bien-être aux pensées que nous avons soulevées !

Cela dit à propos de la nouvelle pérégrination où nous engageons le lecteur, après avoir, nous l'espérons, apaisé ses scrupules, nous l'introduirons à Saint-Lazare, immense édifice d'un aspect imposant et lugubre, situé rue du Faubourg-Saint-Denis.

Ignorant le terrible drame qui se passait chez elle, madame d'Harville s'était rendue à la prison, après avoir obtenu quelques renseignements de madame de Lucenay au sujet des deux malheureuses femmes que la cupidité du notaire Jacques Ferrand plongeait dans la détresse.

Madame de Blinval, une des patronesses de l'œuvre des jeunes détenues, n'ayant pu ce jour-là accompagner Clémence à Saint-Lazare, celle-ci y était venue seule. Elle fut accueillie avec empressement par le directeur et par plusieurs dames-inspectrices, reconnaissables à leurs vêtements noirs et au ruban bleu à médaillon d'argent qu'elles portaient en sautoir.

Une de ces inspectrices, femme d'un âge mûr, d'une figure grave et douce, resta seule avec madame d'Harville dans un petit salon attenant au greffe.

On ne peut s'imaginer ce qu'il y a souvent de dévouement ignoré, d'intelligence, de commisération, de sagacité, chez ces femmes respectables qui se consacrent aux fonctions modestes et obscures de surveillantes des détenues.

Rien de plus sage, de plus praticable que les notions d'ordre, de travail, de devoir qu'elles donnent aux prisonnières, dans l'espoir que ces enseignements survivront au séjour de la prison...

Tour à tour indulgentes et fermes, patientes et sévères, mais toujours justes et impartiales, ces femmes, sans cesse en contact avec les détenues, finissent, au bout de longues années, par acquérir une telle science de la physionomie de ces malheureuses, qu'elles les jugent

presque toujours sûrement du premier coup
d'œil, et qu'elles les classent à l'instant selon
leur degré d'immoralité.

Madame Armand, l'inspectrice qui était
restée seule avec madame d'Harville, possédait à un point extrême cette prescience
presque divinatrice du caractère des prisonnières ; ses paroles, ses jugements avaient dans
la maison une autorité considérable.

Madame Armand dit à Clémence :

— Puisque madame la marquise a bien
voulu me charger de lui désigner celles de nos
détenues qui par une meilleure conduite ou
par un repentir sincère pourraient mériter
son intérêt, je crois pouvoir lui recommander une infortunée que je crois plus malheureuse encore que coupable ; car je ne crois pas
me tromper en affirmant qu'il n'est pas trop
tard pour sauver cette jeune fille... une malheureuse enfant de seize ou dix-sept ans tout
au plus !

— Et qu'a-t-elle fait pour être emprisonnée ?

— Elle est coupable de s'être trouvée aux
Champs-Élysées le soir... Comme il est défendu à ses pareilles, sous des peines très-sé-

vères, de fréquenter, soit le jour, soit la nuit, certains lieux publics... et que les Champs-Élysées sont au nombre des promenades interdites, on l'a arrêtée...

— Et elle vous semble intéressante?

— Je n'ai jamais vu de traits plus réguliers, plus candides. Imaginez-vous, madame la marquise, une figure de vierge. Ce qui donnait encore à sa physionomie une expression plus modeste, c'est qu'en arrivant ici elle était vêtue comme une paysanne des environs de Paris.

— C'est donc une fille de campagne?

— Non, madame la marquise. Les inspecteurs l'ont reconnue; elle demeurait dans une horrible maison de la Cité, dont elle était absente depuis deux ou trois mois; mais comme elle n'a pas demandé sa radiation des registres de la police, elle reste soumise au pouvoir exceptionnel qui l'a envoyée ici.

— Mais peut-être avait-elle quitté Paris pour tâcher de se réhabiliter?

— Je le pense, madame, c'est ce qui m'a tout de suite intéressée à elle. Je l'ai interrogée sur le passé, je lui ai demandé si elle venait de la campagne, lui disant d'espérer, dans le cas où, comme je le croyais, elle voudrait revenir au bien.

— Qu'a-t-elle répondu ?

— Levant sur moi ses grands yeux bleus mélancoliques et pleins de larmes, elle m'a dit avec un accent de douceur angélique : — « Je vous remercie, madame, de vos bontés ; mais je ne puis rien dire sur le passé ; on m'a arrêtée, j'étais dans mon tort, je ne me plains pas. — Mais d'où venez-vous ? Où êtes-vous restée depuis votre départ de la Cité ? Si vous êtes allée à la campagne chercher une existence honorable, dites-le, prouvez-le ; nous ferons écrire à M. le préfet pour obtenir votre liberté ; on vous rayera des registres de la police, et on encouragera vos bonnes résolutions. — Je vous en supplie, madame, ne m'interrogez pas, je ne pourrais vous répondre, » — a-t-elle repris. « Mais en sortant d'ici, voulez-vous donc retourner dans cette affreuse maison ? — Oh ! jamais ! — s'est-elle écriée. — Que ferez-vous donc alors ? — Dieu le sait ! — a-t-elle répondu, en laissant retomber sa tête sur sa poitrine.

— Cela est étrange !.. Et elle s'exprime ?..

— En très-bons termes, madame; son maintien est timide, respectueux, mais sans bassesse; je dirai plus : malgré la douceur extrême de sa voix et de son regard, il y a parfois dans son accent, dans son attitude, une sorte de tristesse fière qui me confond. Si elle n'appartenait pas à la malheureuse classe dont elle fait partie, je croirais presque que cette fierté annonce une âme qui a la conscience de son élévation.

— Mais c'est tout un roman ! — s'écria Clémence intéressée au dernier point, et trouvant, ainsi que le lui avait dit Rodolphe, que rien n'était souvent plus *amusant* à faire que le bien. — Et quels sont ses rapports avec les autres prisonnières? Si elle est douée de l'élévation d'âme que vous lui supposez, elle doit bien souffrir au milieu de ses misérables compagnes !

— Mon Dieu, madame la marquise, pour moi qui observe par état et par habitude, tout dans cette jeune fille est un sujet d'étonnement. A peine ici depuis trois jours, elle possède déjà une sorte d'influence sur les autres détenues.

— En si peu de temps?

— Elles éprouvent pour elle non-seulement de l'intérêt, mais presque du respect.

— Comment! ces malheureuses...

— Ont quelquefois un instinct d'une singulière délicatesse pour reconnaître, deviner même les nobles qualités des autres. Seulement, elles haïssent souvent les personnes dont elles sont obligées d'admettre la supériorité.

— Et elles ne haïssent pas cette pauvre jeune fille?

— Bien loin de là, madame : aucune d'elles ne la connaissait avant son entrée ici. Elles ont été d'abord frappées de sa beauté; ses traits, bien que d'une pureté rare, sont pour ainsi dire voilés par une pâleur touchante et maladive; ce mélancolique et doux visage leur a d'abord inspiré plus d'intérêt que de jalousie. Ensuite elle est très-silencieuse, autre sujet d'étonnement pour ces créatures qui, pour la plupart, tâchent toujours de s'étourdir à force de bruit, de paroles et de mouvements.

Enfin, quoique digne et réservée, elle s'est montrée compatissante, ce qui a empêché ses compagnes de se choquer de sa froideur. Ce n'est pas tout. Il y a ici, depuis un mois, une créature indomptable surnommée *la Louve*, tant son caractère est violent, audacieux et bestial; c'est une fille de vingt ans, grande, virile, d'une figure assez belle, mais dure; nous sommes souvent forcés de la mettre au cachot pour vaincre sa turbulence. Avant-hier, justement, elle sortait de cellule, encore irritée de la punition qu'elle venait de subir; c'était l'heure du repas; la pauvre fille dont je vous parle ne mangeait pas; elle dit tristement à ses compagnes : — « Qui veut mon pain? — Moi! — dit d'abord *la Louve*.—Moi! » dit ensuite une créature presque contrefaite, appelée *Mont-Saint-Jean*, qui sert de risée, et quelquefois, malgré nous, de souffre-douleur aux autres détenues, quoiqu'elle soit grosse de plusieurs mois... La jeune fille donna d'abord son pain à cette dernière, à la grande colère de *la Louve*. — « C'est moi qui t'ai d'abord demandé ta ration! — s'écria-t-elle furieuse. — C'est vrai, mais cette pauvre femme

est enceinte, elle en a plus besoin que vous »—
répondit la jeune fille. — *La Louve* néanmoins arracha le pain des mains de *Mont-Saint-Jean*, et commença de vociférer en agitant son couteau. Comme elle est très-méchante et très-redoutée, personne n'osa prendre le parti de la pauvre *Goualeuse*, quoique toutes les détenues lui donnassent raison intérieurement.

— Comment dites-vous ce nom, madame?

— *La Goualeuse*... c'est le nom ou plutôt le surnom sous lequel a été écrouée ici ma protégée, et qui, je l'espère, sera bientôt là vôtre, madame la marquise... Presque toutes ont ainsi des noms d'emprunt.

— Celui-ci est singulier...

— Il signifie, dans leur hideux langage, *la chanteuse*; car cette jeune fille a, dit-on, une très-jolie voix; je le crois sans peine, car son accent est enchanteur...

— Et comment a-t-elle échappé à cette vilaine *Louve?*

— Rendue plus furieuse encore par le sang-froid de la Goualeuse, elle courut à elle l'injure à la bouche, son couteau levé; toutes les prisonnières jetèrent un cri d'effroi... Seule, la Goualeuse, regardant sans crainte cette redoutable créature, lui sourit avec amertume, en lui disant de sa voix angélique : « Oh! tuez-moi, tuez-moi, je le veux bien... et ne me faites pas trop souffrir! » Ces mots, m'a-t-on rapporté, furent prononcés avec une simplicité si navrante, que presque toutes les détenues en eurent les larmes aux yeux.

— Je le crois bien — dit madame d'Harville, péniblement émue..

— Les plus mauvais caractères — reprit l'inspectrice — ont heureusement quelquefois de bons revirements. En entendant ces mots empreints d'une résignation déchirante, la Louve, remuée, a-t-elle dit plus tard, jusqu'au fond de l'âme, jeta son couteau par terre, le foula aux pieds et s'écria : « J'ai eu tort de te menacer, la Goualeuse, car je suis plus forte que toi; tu n'as pas eu peur de mon couteau, tu es brave... J'aime les braves; aussi maintenant, si l'on voulait te faire du mal, c'est moi qui te défendrais... »

— Quel caractère singulier !

— L'exemple de *la Louve* augmenta encore

l'influence de la Goualeuse, et aujourd'hui, chose à peu près sans exemple, presque aucune des prisonnières ne la tutoie; la plupart la respectent, et s'offrent même à lui rendre tous les petits services qu'on peut se rendre entre prisonnières. Je me suis adressée à quelques détenues de son dortoir pour savoir la cause de la déférence qu'elles lui témoignaient. « C'est plus fort que nous, m'ont-elles répondu — on voit bien que ce n'est pas une *personne comme nous autres.* — Mais qui vous l'a dit? — On ne nous l'a pas dit, cela se voit. — Mais encore, à quoi? — A mille choses. D'abord, hier, avant de se coucher, elle s'est mise à genoux et a fait sa prière: pour qu'elle prie, comme a dit la Louve, il faut bien qu'elle *en ait le droit.* »

— Quelle observation étrange!

— Ces malheureuses n'ont aucun sentiment religieux, et elles ne se permettraient pourtant jamais ici un mot sacrilége ou impie; vous verrez, madame, dans toutes nos salles, des espèces d'autels où la statue de la Vierge est entourée d'offrandes et d'ornements faits par elles-mêmes. Chaque dimanche, il se brûle un grand nombre de cierges en *ex-voto*. Celles qui vont à la chapelle s'y comportent parfaitement ; mais généralement l'aspect des lieux saints leur impose ou les effraie. Pour revenir à la Goualeuse, ses compagnes me disaient encore : « On voit *qu'elle n'est pas comme nous autres*, à son air doux, à sa tristesse, à la manière dont elle parle... Et puis enfin — reprit brusquement la *Louve*, qui assistait à cet entretien — il faut bien qu'elle ne soit pas des nôtres ; car ce matin... dans le dortoir, sans savoir pourquoi... *nous étions honteuses de nous habiller devant elle...*

— Quelle bizarre délicatesse au milieu de tant de dégradation ! — s'écria madame d'Harville.

— Oui, madame, devant les hommes et entre elles la pudeur leur est inconnue, et elles sont péniblement confuses d'être vues à demi vêtues par nous ou par des personnes charitables qui, comme vous, madame la marquise, visitent les prisons. Ainsi ce profond instinct de pudeur que Dieu a mis en nous se révèle encore, même chez ces créatures, à l'aspect des seules personnes qu'elles puissent respecter.

— Il est au moins consolant de retrouver quelques bons sentiments naturels plus forts que la dépravation.

— Sans doute, car ces femmes sont capables de dévouements qui, honnêtement placés, seraient très-honorables... Il est encore un sentiment sacré pour elles qui ne respectent rien, ne craignent rien : c'est la maternité; elles s'en honorent, elles s'en réjouissent ; il n'y a pas de meilleures mères, rien ne leur coûte pour garder leur enfant auprès d'elles ; elles s'imposent, pour l'élever, les plus pénibles sacrifices; car, ainsi qu'elles disent, ce petit être est le seul qui *ne les méprise pas*.

— Elles ont donc un sentiment profond de leur abjection ?

— On ne les méprise jamais autant qu'elles se méprisent elles-mêmes... Chez quelques-unes dont le repentir est sincère, cette tache originelle du vice reste ineffaçable à leurs yeux, lors même qu'elles se trouvent dans une condition meilleure; d'autres deviennent folles, tant l'idée de leur abjection première

8.

est chez elles fixe et implacable. Aussi, madame, je ne serais pas étonnée que le chagrin profond de la Goualeuse ne fût causé par un remords de ce genre.

— Si cela est, en effet, quel supplice pour elle ! un remords que rien ne peut calmer !

— Heureusement, madame, pour l'honneur de l'espèce humaine, ces remords sont plus fréquents qu'on ne le croit ; la conscience vengeresse ne s'endort jamais complétement ; ou plutôt, chose étrange, quelquefois on dirait que l'âme veille pendant que le corps est assoupi ; c'est une observation que j'ai faite de nouveau cette nuit à propos de ma protégée.

— De la Goualeuse ?

— Oui, madame.

— Et comment donc cela ?

— Assez souvent, lorsque les prisonnières sont endormies, je vais faire une ronde dans les dortoirs... Vous ne pouvez vous imaginer, madame... combien les physionomies de ces femmes diffèrent d'expression pendant qu'elles dorment. Bon nombre d'entre elles que j'avais vues le jour insoucianbtes, moqueuses, effrontées, hardies, me semblaient complétement changées lorsque le sommeil dépouillait leurs traits de toute exagération de cynisme ; car le vice, hélas! a son orgueil. Oh! madame, que de tristes révélations sur ces visages alors abattus, mornes et sombres! que de tressaillements! que de soupirs douloureux involontairement arrachés par quelque rêve empreint sans doute d'une inexorable réalité !.. Je vous parlais tout à l'heure, madame, de cette fille surnommée *la Louve*, créature indomptée, indomptable. Il y a quinze jours environ, elle m'injuria brutalement devant toutes les détenues ; je haussai les épaules ; mon indifférence exaspéra sa rage... Alors, pour me blesser sûrement, elle s'imagina de me dire je ne sais quelles ignobles injures sur ma mère... qu'elle avait souvent vue venir me visiter ici...

— Ah! quelle horreur !..

— Je l'avoue, toute stupide qu'était cette attaque, elle me fit mal... *La Louve* s'en aperçut, et triompha. Ce soir-là, vers minuit, j'allai faire inspection dans les dortoirs ; j'arrivai près du lit de *la Louve*, qui ne devait être mise en cellule que le lendemain matin ;

je fus frappée, je dirais presque de la douceur de sa physionomie, comparée à l'expression dure et insolente qui lui était habituelle ; ses traits semblaient suppliants, pleins de tristesse et de contrition ; ses lèvres étaient à demi ouvertes, sa poitrine oppressée ; enfin, chose qui me parut incroyable... car je la croyais impossible, deux larmes... deux grosses larmes coulaient des yeux de cette femme au caractère de fer !.. Je la contemplais en silence depuis quelques minutes, lorsque j'entendis prononcer ces mots : *Pardon... pardon !.. sa mère !..* J'écoutai plus attentivement, mais tout ce que je pus saisir au milieu d'un murmure presque inintelligible fut mon nom... *madame Armand...* prononcé avec un soupir.

— Elle se repentait pendant son sommeil d'avoir injurié votre mère...

— Je l'ai cru... et cela m'a rendue moins sévère. Sans doute, aux yeux de ses compagnes, elle avait voulu, par une déplorable vanité, exagérer encore sa grossièreté naturelle; peut-être un bon instinct la faisait se repentir pendant son sommeil.

— Et le lendemain vous témoigna-t-elle quelque regret de sa conduite passée?

—Aucun; elle se montra, comme toujours, grossière, farouche et emportée. Je vous assure pourtant, madame, que rien ne dispose plus à la pitié que ces observations dont je vous parle. Je me persuade, illusion peut-être! que pendant leur sommeil ces infortunées redeviennent meilleures, ou plutôt redeviennent elles-mêmes, avec tous leurs défauts il est vrai, mais parfois aussi avec quelques bons instincts non plus dissimulés par une détestable forfanterie de vice. De tout ceci j'ai été amenée à croire que ces créatures sont généralement moins méchantes qu'elles affectent de le paraître; agissant d'après cette conviction, j'ai souvent obtenu des résultats impossibles à réaliser si j'avais complétement désespéré d'elles.

Madame d'Harville ne pouvait cacher sa surprise de trouver tant de bon sens, tant de haute raison joints à des sentiments d'humanité si élevés, si pratiques, chez une obscure inspectrice de filles perdues.

— Mon Dieu, madame — reprit Clémence — vous avez une telle manière d'exercer vos tristes fonctions, qu'elles doivent être pour vous des plus intéressantes. Que d'observations, que d'études curieuses, mais surtout que de bien vous pouvez, vous devez faire !

— Le bien est très-difficile à obtenir : ces femmes ne restent ici que peu de temps; il est donc difficile d'agir très-efficacement sur elles; il faut se borner à semer... dans l'espoir que quelques-uns de ces bons germes fructifieront un jour... Parfois cet espoir se réalise.

— Mais il vous faut, madame, un grand courage, une grande vertu pour ne pas reculer devant l'ingratitude d'une tâche qui vous donne de si rares satisfactions !

— La conscience de remplir un devoir soutient et encourage; puis quelquefois on est récompensé par d'heureuses découvertes : ce sont çà et là quelques éclaircies dans des cœurs que l'on aurait crus tout d'abord absolument ténébreux.

— Il n'importe; les femmes comme vous doivent être bien rares, madame.

— Non, non, je vous assure; ce que je

fais, d'autres le font avec plus de succès et d'intelligence que moi... Une des inspectrices de l'autre quartier de Saint-Lazare, destiné aux prévenues de différents crimes, vous intéresserait bien davantage... Elle me racontait ce matin l'arrivée d'une jeune fille prévenue d'infanticide. Jamais je n'ai rien entendu de plus déchirant... Le père de cette malheureuse, un honnête artisan lapidaire, est devenu fou de douleur en apprenant la honte de sa fille; il paraît que rien n'était plus affreux que la misère de toute cette famille, logée dans une misérable mansarde de la rue du Temple.

— La rue du Temple! — s'écria madame d'Harville étonnée, — quel est le nom de cet artisan?

— Sa fille s'appelle Louise Morel...

— C'est bien cela...

— Elle était au service d'un homme respectable, M. Jacques Ferrand, notaire.

— Cette pauvre famille m'avait été recommandée — dit Clémence en rougissant; — mais j'étais loin de m'attendre à la voir frappée de ce nouveau coup si terrible... Et Louise Morel?

— Se dit innocente : elle jure que son enfant était mort... et il paraît que ses paroles ont l'accent de la vérité. Puisque vous vous intéressez à sa famille, madame la marquise, si vous étiez assez bonne pour daigner la voir, cette marque de votre bonté calmerait son désespoir, qu'on dit effrayant.

— Certainement je la verrai; j'aurai ici deux protégées au lieu d'une... Louise Morel et la Goualeuse... car tout ce que vous me dites de cette pauvre fille me touche à un point extrême... Mais que faut-il faire pour obtenir sa liberté? Ensuite je la placerais, je me chargerais de son avenir...

— Avec les relations que vous devez avoir, madame la marquise, il vous sera très-facile de la faire sortir de prison du jour au lendemain; cela dépend absolument de la volonté de M. le préfet de police... La recommandation d'une personne considérable serait décisive auprès de lui. Mais me voici bien loin, madame, de l'observation que j'avais faite sur le sommeil de la Goualeuse. Et à ce propos je dois vous avouer que je ne serais pas étonnée qu'au sentiment profondément douloureux de sa première abjection se joignît un autre chagrin... non moins cruel.

— Que voulez-vous dire, madame ?

— Peut-être me trompé-je... mais je ne serais pas étonnée que cette jeune fille, sortie par je ne sais quel événement de la dégradation où elle était d'abord plongée, eût éprouvé... éprouvât peut-être un amour honnête... qui fût à la fois son bonheur et son tourment...

— Et pour quelles raisons croyez-vous cela ?

— Le silence obstiné qu'elle garde sur l'endroit où elle a passé les trois mois qui ont suivi son départ de la Cité me donne à penser qu'elle craint de se faire réclamer par les personnes chez qui peut-être elle avait trouvé un refuge.

— Et pourquoi cette crainte ?

— Parce qu'il lui faudrait avouer un passé qu'on ignore sans doute.

— En effet, ses vêtements de paysanne...

Puis une dernière circonstance est venue renforcer mes soupçons. Hier au soir en allant faire mon inspection dans le dortoir, je me suis approchée du lit de la Goualeuse ; elle dormait profondément ; au contraire de ses compagnes, sa figure était calme et sereine ; ses grands cheveux blonds, à demi détachés sous sa cornette, tombaient en profusion sur son col et sur ses épaules. Elle tenait ses deux petites mains jointes et croisées sur son sein, comme si elle se fût endormie en priant... Je contemplais depuis quelques moments avec attendrissement cette angélique figure, lorsqu'à voix basse et avec un accent à la fois respectueux, triste et passionné... elle prononça un nom...

— Et ce nom ?

Après un moment de silence, madame Armand reprit gravement :

— Bien que je considère comme sacré ce que l'on peut surprendre pendant le sommeil, vous vous intéressez si généreusement à cette infortunée, madame, que je puis vous confier ce secret... Ce nom était *Rodolphe.*

— Rodolphe ! — s'écria madame d'Harville, en songeant au prince. Puis, réfléchissant qu'après tout Son Altesse le grand duc de Gérolstein ne pouvait avoir aucun rapport avec le *Rodolphe* de la pauvre Goualeuse, elle dit à l'inspectrice, qui semblait étonnée de son exclamation :

— Ce nom m'a surprise, madame, car, par un hasard singulier... un de mes parents le porte aussi ; mais tout ce que vous m'apprenez de la Goualeuse m'intéresse de plus en plus... Ne pourrai-je pas la voir aujourd'hui,... tout à l'heure ?...

— Si, madame ; je vais, si vous le désirez, la chercher... Je pourrai m'informer aussi de Louise Morel, qui est dans l'autre quartier de la prison.

Je vous en serai très-obligée, madame — répondit madame d'Harville, qui resta seule.

— C'est singulier — dit-elle ; — je ne puis me rendre compte de l'impression étrange que m'a causée ce nom de Rodolphe... En vérité, je suis folle ! entre *lui*... et une créature pareille, quels rapports peuvent exister?—Puis, après un moment de silence, la marquise ajouta :— Il avait raison !... combien tout cela m'intéresse !... l'esprit, le cœur s'agrandissent lorsqu'on les applique à de si nobles occupations !... Ainsi qu'il le dit, il semble que l'on participe un peu au pouvoir de la Providence en secourant ceux qui méritent... Et puis, ces excursions dans un monde que nous ne soupçonnons même pas sont si attachantes... si *amusantes*, comme *il* se plaît à le dire ! Quel roman me donnerait ces émotions touchantes, exciterait à ce point ma curiosité ?... Cette pauvre Goualeuse, par exemple, d'après ce qu'on vient de me dire, m'inspire une pitié profonde ; je me laisse aveuglément aller à cette commisération, car la surveillante a trop d'expérience pour se tromper à l'égard de notre protégée... Et cette autre infortunée... la fille de l'artisan... que le prince a si généreusement secourue en mon nom !... Pauvres gens ! leur misère affreuse lui a servi de prétexte pour me sauver... J'ai échappé à la honte, à la mort peut-être... par un mensonge hypocrite ; cette tromperie me pèse, mais je l'expierai à force de bienfaisance... cela me sera si facile !... il est si doux de suivre les nobles conseils de Rodolphe !... c'est encore l'aimer que de lui obéir !... Oh ! je le sens avec ivresse... son souffle seul anime et féconde la nouvelle vie qu'il m'a créée pour la consolation de ceux qui souffrent... j'éprouve une adorable jouissance à n'agir que par lui, à n'avoir d'autres idées que les siennes... car je l'aime... oh ! oui, je l'aime ! et toujours il ignorera cette éternelle passion de ma vie...

. . . .
. . . .

Pendant que madame d'Harville attend la Goualeuse, nous conduirons le lecteur au milieu des détenues.

CHAPITRE VIII.

MONT-SAINT-JEAN.

Deux heures sonnaient à l'horloge de la prison de Saint-Lazare.

Au froid qui régnait depuis quelques jours avait succédé une température douce, tiède, presque printanière; les rayons du soleil se reflétaient dans l'eau d'un grand bassin carré, à margelles de pierre, situé au milieu d'une cour plantée d'arbres et entourée de hautes murailles noirâtres, percées de nombreuses fenêtres grillées; des bancs de bois étaient scellés çà et là dans cette vaste enceinte pavée, qui servait de promenade aux détenues.

Le tintement d'une cloche annonçant l'heure de la récréation, les prisonnières débouchèrent en tumulte par une porte épaisse et guichetée qu'on leur ouvrit.

Ces femmes, uniformément vêtues, portaient des cornettes noires et de longs sarraux d'étoffe de laine bleue, serrés par une ceinture à boucle de fer. Elles étaient là deux cents prostituées, condamnées pour contraventions aux ordonnances particulières qui les régissent et les mettent en dehors de la loi commune.

Au premier abord, leur aspect n'avait rien de particulier; mais, en les observant plus attentivement, on reconnaissait sur presque toutes ces physionomies les stigmates presque ineffaçables du vice et surtout de l'abrutissement qu'engendrent l'ignorance et la misère.

A l'aspect de ces rassemblements de créatures perdues, on ne peut s'empêcher de songer avec tristesse que beaucoup d'entre elles ont été pures et honnêtes au moins pendant quelque temps. Nous faisons cette restriction, parce qu'un grand nombre ont été viciées, corrompues, dépravées, non pas seulement dès leur jeunesse, mais dès leur plus *tendre* enfance... mais dès *leur naissance,* si cela se peut dire, ainsi qu'on le verra plus tard...

On se demande donc avec une curiosité douloureuse quel enchaînement de causes funestes a pu amener là celles de ces misérables qui ont connu la pudeur et la chasteté.

Tant de pentes diverses inclinent à cet égout !..

C'est rarement la passion de la débauche pour la débauche, mais le délaissement, mais le mauvais exemple, mais l'éducation perverse, mais surtout la faim, qui conduisent tant de malheureuses à l'infamie, car les classes pauvres payent seules à la *civilisation* cet impôt de l'âme et du corps.

. . . .

Lorsque les détenues se précipitèrent en courant et en criant dans le préau, il était facile de voir que la seule joie de sortir de leurs ateliers ne les rendait pas si bruyantes. Après avoir fait irruption par l'unique porte qui conduisait à la cour, cette foule s'écarta et fit cercle autour d'un être informe, qu'on accablait de huées.

C'était une petite femme de trente-six à quarante ans, courte, ramassée, contrefaite, ayant le cou enfoncé entre des épaules inégales. On lui avait arraché sa cornette ; et ses cheveux, d'un blond ou plutôt d'un jaune blafard, hérissés, emmêlés, nuancés de gris, retombaient sur son front bas et stupide. Elle était vêtue d'un sarrau bleu comme les autres prisonnières, et portait sous son bras droit un petit paquet enveloppé d'un mauvais mouchoir à carreaux, troué. Elle tâchait, avec son coude gauche, de parer les coups qu'on lui portait.

Rien de plus tristement grotesque que les traits de cette malheureuse : c'était une ridicule et hideuse figure, allongée en museau, ridée, tannée, sordide, d'une couleur terreuse, percée de deux narines et de deux petits yeux rouges bridés et éraillés ; tour à tour colère ou suppliante, elle grondait, elle implorait, mais on riait encore plus de ses plaintes que de ses menaces.

Cette femme était le jouet des détenues.

Une chose aurait dû pourtant la garantir de ces mauvais traitements... elle était grosse.

Mais sa laideur, son imbécillité et l'habitude qu'on avait de la regarder comme une victime vouée à l'amusement général, rendaient ses persécutrices implacables malgré leur respect ordinaire pour la maternité.

Parmi les ennemies les plus acharnées de *Mont-Saint-Jean* (c'était le nom du souffre-douleur), on remarquait la Louve.

La Louve était une grande fille de vingt ans, leste, virilement découplée, et d'une figure assez régulière; ses rudes cheveux noirs se nuançaient de reflets roux; l'ardeur du sang couperosait son teint; un duvet brun ombrageait ses lèvres charnues; ses sourcils châtains, épais et drus se rejoignaient entre eux, au-dessus de ses grands yeux fauves; quelque chose de violent, de farouche, de bestial, dans l'expression de la physionomie de cette femme; une sorte de rictus habituel, qui, retroussant surtout sa lèvre supérieure lors de ses accès de colère, laissait voir ses dents blanches et écartées, expliquait son surnom de *la Louve*.

Néanmoins, on lisait sur ce visage plus d'audace et d'insolence que de cruauté; en un mot, on comprenait que, plutôt viciée que foncièrement mauvaise, cette femme fût encore susceptible de quelques bons mouvements, ainsi que l'inspectrice venait de le raconter à madame d'Harville.

— Mon Dieu! mon Dieu! qu'est-ce que je vous ai donc fait — criait Mont-Saint-Jean en se débattant au milieu de ses compagnes. —Pourquoi vous acharnez-vous après moi?..

— Parce que ça nous amuse.

— Parce que tu n'es bonne qu'à être tourmentée...

— C'est ton état.

— Regarde-toi... tu verras que tu n'as pas le droit de te plaindre...

— Mais vous savez bien que je ne me plains qu'à la fin... je souffre tant que je peux...

— Eh bien, nous te laisserons tranquille si tu nous dis pourquoi tu t'appelles Mont-Saint-Jean.

— Oui, oui, raconte-nous ça.

— Eh! je vous l'ai dit cent fois, c'est un ancien soldat que j'ai aimé dans les temps, et qu'on appelait ainsi parce qu'il avait été blessé à la bataille de Mont-Saint-Jean... J'ai gardé son nom, là... Maintenant, êtes-vous contentes? quand vous me ferez répéter toujours la même chose?.

— S'il te ressemblait, il était frais, ton soldat !

— Ça devait être un invalide...

— Un restant d'homme...

— Combien avait-il d'œils de verre?

— Et de nez de ferblanc?

— Il fallait qu'il ait les deux jambes et les deux bras de moins, avec ça sourd et aveugle... pour vouloir de toi...

— Je suis laide, un vrai monstre... je le sais bien, allez. Dites-moi des sottises, moquez-vous de moi tant que vous voudrez... ça m'est égal ; mais ne me battez pas, je ne vous demande que ça.

— Qu'est-ce que tu as dans ce vieux mouchoir ? — dit la Louve.

— Oui!... oui!... qu'est-ce qu'elle a là?

— Qu'elle nous le montre?

— Voyons! voyons!

— Oh non, je vous en supplie!... — s'écria la misérable en serrant de toutes ses forces son petit paquet entre ses mains.

— Il faut lui prendre...

— Oui, arrache-lui... la Louve!

— Mon Dieu ! faut-il que vous soyez méchantes ! allez... mais laissez donc ça... laissez donc ça...

— Qu'est-ce que c'est?

— Eh bien! c'est un commencement de layette pour mon enfant... je fais ça avec les vieux morceaux de linge dont personne ne veut et que je ramasse; ça vous est égal, n'est-ce pas?

— Oh! la layette du petit à Mont-Saint-Jean! C'est ça qui doit être farce!

— Voyons!!

— La layette... la layette!

— Elle aura pris mesure sur le petit chien de la gardienne... bien sûr...

— A vous, à vous, la layette!

Cria la Louve en arrachant le paquet des mains de Mont-Saint-Jean.

Le mouchoir presque en lambeaux se déchira, bon nombre de rognures d'étoffes de toutes couleurs et de vieux morceaux de linge à demi façonnés voltigèrent dans la cour et furent foulés aux pieds par les prisonnières, qui redoublèrent de huées et d'éclats de rire.

— Que ça de guenilles!

— On dirait le fond de la hotte d'un chiffonnier !

— En voilà des échantillons de vieilles loques !

— Quelle boutique...

— Et pour coudre tout ça...

— Il y aura plus de fil que d'étoffe...

— Ça fera des broderies !

— Tiens, rattrape-les maintenant, tes haillons... Mont-Saint-Jean !

— Faut-il être méchant, mon Dieu ! faut-il être méchant ! — s'écriait la pauvre créature en courant çà et là après les chiffons qu'elle tâchait de ramasser, malgré les bourrades qu'on lui donnait. — Je n'ai jamais fait de mal à personne — ajouta-t-elle en pleurant — je leur ai offert, pour qu'elles me laissent tranquille, de leur rendre tous les services qu'elles voudraient, de leur donner la moitié de ma ration, quoique j'aie bien faim ; eh bien ! non, non, c'est tout de même... Mais qu'est-ce qu'il faut donc que je fasse pour avoir la paix ?.. Elles n'ont pas seulement pitié d'une pauvre femme enceinte ! Faut être plus sauvage que des bêtes !.. J'avais eu tant de peine à ramasser ces petits bouts de linge ! Avec quoi voulez-vous que je fasse la layette de mon enfant, puisque je n'ai de quoi rien acheter? A qui ça fait-il du tort de ramasser ce que personne ne veut plus, puisqu'on le jette... — Mais tout à coup Mont-Saint-Jean s'écria avec un accent d'espoir : — Oh! puisque vous voilà... la Goualeuse... je suis sauvée... parlez-leur pour moi... elles vous écouteront, bien sûr, puisqu'elles vous aiment autant qu'elles me haïssent...

La Goualeuse, arrivant la dernière des détenues, entrait alors dans le préau.

Fleur-de-Marie portait le sarrau bleu et la cornette noire des prisonnières; mais, sous ce grossier costume, elle était encore charmante. Pourtant, depuis son enlèvement de la ferme de Bouqueval (enlèvement dont nous expliquerons plus tard l'issue), ses traits semblaient profondément altérés; sa pâleur, autrefois légèrement rosée, était mate comme la blancheur de l'albâtre; l'expression de sa physionomie avait aussi changé; elle était alors empreinte d'une sorte de dignité triste.

Fleur-de-Marie sentait qu'accepter courageusement les douloureux sacrifices de l'expiation, c'est presque atteindre à la hauteur de la réhabilitation.

— Demandez-leur donc grâce pour moi, la Goualeuse — reprit Mont-Saint-Jean implorant la jeune fille ; — voyez comme elles traînent dans la cour tout ce que j'avais rassemblé avec tant de peine pour commencer la layette de mon enfant... Quel beau plaisir ça peut-il leur faire ?

Fleur-de-Marie ne dit mot, mais elle se mit à ramasser activement un à un, sous les pieds des détenues, tous les chiffons qu'elle put recueillir.

Une prisonnière retenait méchamment sous son sabot une sorte de brassière de grosse toile bise ; Fleur-de-Marie toujours baissée leva sur cette femme son regard enchanteur et lui dit de sa voix douce :

— Je vous en prie, laissez-moi reprendre cela, au nom de cette pauvre femme qui pleure...

La détenue recula son pied...

La brassière fut sauvée ainsi que presque

tous les autres haillons, que la Goualeuse *conquit* ainsi pièce à pièce.

Il lui restait à récupérer un petit bonnet d'enfant que deux détenues se disputaient en riant. Fleur-de-Marie leur dit :

— Voyons, soyez tout à fait bonnes... rendez-lui ce petit bonnet...

— Ah! bien oui... c'est donc pour un Arlequin au maillot, ce bonnet! il est fait d'un morceau d'étoffe grise, avec des pointes en futaine vertes et noires, et une doublure de toile à matelas.

Ceci était exact.

Cette description du bonnet fut accueillie avec des huées et des rires sans fin.

— Moquez-vous-en, mais rendez-le-moi — disait Mont-Saint-Jean — et surtout ne le traînez pas dans le ruisseau comme le reste... Pardon de vous avoir fait ainsi salir les mains pour moi, la Goualeuse — ajouta Mont-Saint-Jean, d'une voix reconnaissante.

— A moi le bonnet d'arlequin! — dit la Louve, qui s'en empara et l'agita en l'air comme un trophée.

— Je vous supplie, donnez-le-moi — dit la Goualeuse.

— Non! c'est pour rendre à Mont-Saint-Jean?

— Certainement!

— Ah! bah! ça en vaut bien la peine... une pareille guenille!

— C'est parce que Mont-Saint-Jean, pour habiller son enfant, n'a que des guenilles... que vous devriez avoir pitié d'elle, la Louve — dit tristement Fleur-de-Marie en étendant la main vers le bonnet.

— Vous ne l'aurez pas! — reprit brutalement la Louve; — ne faudrait-il pas toujours vous céder, à vous, parce que vous êtes la plus faible?.. vous abusez de cela, à la fin!..

— Où serait le mérite de me céder... si j'étais la plus forte!.. — répondit la Goualeuse avec un demi-sourire plein de grâce.

— Non, non... vous voulez encore m'entortiller avec votre petite voix douce... vous ne l'aurez pas!

— Voyons, la Louve... ne soyez pas méchante...

— Laissez-moi tranquille, vous m'ennuyez...

— Je vous en prie!..

— Tiens ! ne m'impatiente pas... j'ai dit non, c'est non ! — s'écria la Louve tout à fait irritée.

— Ayez donc pitié d'elle... voyez comme elle pleure !

— Qu'est-ce que ça me fait à moi !.. tant pis pour elle !.. elle est notre souffre-douleur...

— C'est vrai... c'est vrai... il ne fallait pas lui rendre ses loques — murmuraient les détenues, entraînées par l'exemple de la Louve. — Tant pis pour Mont-Saint-Jean !..

— Vous avez raison, tant pis pour elle ! — dit Fleur-de-Marie avec amertume — elle est votre souffre-douleur... elle doit se résigner... ses gémissements vous amusent... ses larmes vous font rire... il vous faut bien passer le temps à quelque chose !.. on la tuerait sur place qu'elle n'aurait rien à dire... Vous avez raison, la Louve... cela est juste !.. cette pauvre femme ne fait de mal à personne, elle ne peut pas se défendre, elle est seule contre toutes... vous l'accablez... cela est surtout bien brave et bien généreux !

— Nous sommes donc des lâches ! — s'écria

la Louve emportée par la violence de son caractère et par son impatience de toute contradiction. — Répondras-tu? Sommes-nous des lâches, hein? — reprit-elle de plus en plus irritée.

Des rumeurs menaçantes pour la Goualeuse commencèrent à se faire entendre.

Les détenues offensées se rapprochèrent et l'entourèrent en vociférant, oubliant ou plutôt se révoltant contre l'ascendant que la jeune fille avait jusqu'alors pris sur elles.

— Elle nous appelle lâches!

— De quel droit vient-elle nous blâmer?

— Est-ce qu'elle est plus que nous?

— Nous avons été trop bonnes enfants pour elle.

— Et maintenant elle veut prendre des *airs*... avec nous.

— Si ça nous plaît de faire la misère à Mont-Saint-Jean, qu'est-ce qu'elle a à dire?

— Puisque c'est comme ça, tu seras encore plus battue qu'auparavant, entends-tu, Mont-Saint-Jean?

— Tiens, voilà pour commencer — dit l'une en lui donnant un coup de poing.

— Et si tu te mêles encore de ce qui ne te regarde pas, la Goualeuse, on te traitera de même.

— Oui... oui!

— Ça n'est pas tout! — cria la Louve; — il faut que la Goualeuse nous demande pardon de nous avoir appelées lâches! C'est vrai... si on la laissait faire... elle finirait par nous manger la laine sur le dos... nous sommes bien bêtes aussi... de ne pas nous apercevoir de ça!

— Qu'elle nous demande pardon!

— A genoux!

— A deux genoux!

— Ou nous allons la traiter comme Mont-Saint-Jean, sa protégée.

— A genoux! à genoux!

— Ah! nous sommes des lâches!

— Répète-le donc, hein!

Fleur-de-Marie ne s'émut pas de ces cris furieux; elle laissa passer la tourmente; puis, lorsqu'elle put se faire entendre, promenant sur les prisonnières son beau regard calme et mélancolique, elle répondit à la Louve, qui vociférait de nouveau :

— Ose donc répéter que nous sommes des lâches!

— Vous? Non, non... c'est cette pauvre femme dont vous avez déchiré les vêtements, que vous avez battue, traînée dans la boue : c'est elle qui est lâche... Ne voyez-vous pas comme elle pleure, comme elle tremble en vous regardant? Encore une fois, c'est elle qui est lâche... puisqu'elle a peur de vous!

L'instinct de Fleur-de-Marie la servait parfaitement. Elle eût invoqué la justice, le devoir, pour désarmer l'acharnement stupide et brutal des prisonnières contre Mont-Saint-Jean, qu'elle n'eût pas été écoutée. Elle les émut en s'adressant à ce sentiment de générosité naturelle qui jamais ne s'éteint tout à fait, même dans les masses les plus corrompues.

La Louve et ses compagnes murmurèrent encore, mais elles se sentaient, elles s'avouaient lâches.

Fleur-de-Marie ne voulut pas abuser de ce premier triomphe, et continua :

— Votre souffre-douleur ne mérite pas de pitié, dites-vous; mais, mon Dieu! son enfant en mérite, lui! Hélas! ne ressent-il pas les coups que vous donnez à sa mère? Quand elle vous crie grâce! ce n'est pas pour elle... c'est pour son enfant! Quand elle vous demande un peu de votre pain, si vous en avez de trop, parce qu'elle a plus faim que d'habitude, ce n'est pas pour elle... c'est pour son enfant!... Quand elle vous supplie, les larmes aux yeux, d'épargner ses haillons qu'elle a eu tant de peine à rassembler, ce n'est pas pour elle... c'est pour son enfant! Ce pauvre petit bonnet de pièces et de morceaux doublé de toile à matelas, dont vous vous moquez tant, est bien risible..... peut-être; pourtant, à moi, rien qu'à le voir, il me donne envie de pleurer, je vous l'avoue... Moquez-vous de moi et de Mont-Saint-Jean, si vous voulez.

Les détenues ne rirent pas.

La Louve regarda même tristement ce petit bonnet qu'elle tenait encore à la main.

— Mon Dieu — reprit Fleur-de-Marie en essuyant ses yeux du revers de sa main blanche et délicate — je sais que vous n'êtes pas méchantes... Vous tourmentez Mont-Saint-Jean par désœuvrement, non par cruauté... Mais vous oubliez qu'ils sont deux...

elle et son enfant... Elle le tiendrait entre ses bras, qu'il la protégerait contre vous... Non-seulement vous ne la battriez pas, de peur de faire du mal à ce pauvre innocent... mais, s'il avait froid, vous donneriez à sa mère tout ce que vous pourriez pour le couvrir, n'est-ce pas, la Louve?

— C'est vrai... un enfant, qui est-ce qui n'en aurait pas pitié?...

— C'est tout simple, ça.

— S'il avait faim, vous vous ôteriez le pain de la bouche pour lui, n'est-ce pas, la Louve?

— Oui, et de bon cœur... je ne suis pas plus méchante qu'une autre.

— Ni nous non plus...

— Un pauvre petit innocent!

— Qu'est-ce qui aurait le cœur de vouloir lui faire mal?

— Faudrait être des monstres!

— Des sans-cœur!

— Des bêtes sauvages!

— Je vous le disais bien — reprit Fleur-de-Marie — que vous n'étiez pas méchantes; vous êtes bonnes, votre tort c'est de ne pas réfléchir que Mont-Saint-Jean, au lieu d'avoir son enfant dans ses bras pour vous apitoyer... l'a dans son sein... voilà tout...

— Voilà tout — reprit la Louve avec exaltation — non ça n'est pas tout. Vous avez raison, la Goualeuse, nous étions des lâches... et vous êtes brave d'avoir osé nous le dire... et vous êtes brave de n'avoir pas tremblé après nous l'avoir dit. Voyez-vous... nous avons beau dire et beau faire, nous débattre contre ça, que *vous n'êtes pas une créature comme nous autres...* faut toujours finir par en convenir... Ça me vexe... mais ça est.... Tout à l'heure encore nous avons eu tort... vous étiez plus courageuse que nous...

— C'est vrai qu'il lui a fallu du courage à cette blondinette pour nous dire comme ça nos vérités en face...

— Oh! mais, c'est que ces yeux bleus tout doux, tout doux, une fois que ça s'y met...

— Ça devient des vrais petits lions.

— Pauvre Mont-Saint-Jean! elle lui doit une fière chandelle!

— Après tout, c'est que c'est vrai, quand nous battons Mont-Saint-Jean nous battons son enfant.

— Je n'avais pas pensé à cela.

— Ni moi non plus.

— Mais la Goualeuse elle pense à tout.

— Et battre un enfant... c'est affreux!

— Pas une de nous n'ense rait capable.

Rien de plus mobile que les passions populaires; rien de plus brusque, de plus rapide que leurs retours du mal au bien et du bien au mal.

Quelques simples et touchantes paroles de Fleur-de-Marie avaient opéré une réaction subite en faveur de Mont-Saint-Jean, qui pleurait d'attendrissement.

Tous les cœurs étaient émus, parce que, nous l'avons dit, les sentiments qui se rattachent à la maternité sont toujours vifs et puissants chez les malheureuses dont nous parlons.

Tout à coup la Louve, violente et exaltée en toute chose, prit le petit bonnet qu'elle tenait à la main, en fit une sorte de bourse, fouilla dans sa poche, en tira vingt sous, les jeta dans le bonnet, et s'écria en le présentant à ses compagnes :

— Je mets vingt sous pour acheter de quoi

faire une layette au petit de Mont-Saint-Jean. Nous taillerons et nous coudrons tout nous-mêmes, afin que la façon ne lui coûte rien...

— Oui... oui...

— C'est ça!... cotisons-nous!...

— J'en suis!

— Fameuse idée!

— Pauvre femme!

— Elle est laide comme un monstre... mais elle est mère comme une autre...

— La Goualeuse avait raison, au fait c'est à pleurer toutes les larmes de son corps que de voir cette malheureuse layette de haillons.

— Je mets dix sous.

— Moi trente.

— Moi vingt.

— Moi, quatre sous... je n'ai que ça.

— Moi, je n'ai rien... mais je vends ma ration de demain pour mettre à la masse... Qui me l'achète?

— Moi — dit la Louve — je mets dix sous pour toi... mais tu garderas ta ration, et Mont-Saint-Jean aura une layette comme une princesse.

Exprimer la surprise, la joie de Mont-Saint-

Jean, serait impossible; son grotesque et laid visage, inondé de larmes, devenait presque touchant... Le bonheur, la reconnaissance y rayonnaient.

Fleur-de-Marie aussi était bien heureuse, quoiqu'elle eût été obligée de dire à la Louve, quand celle-ci lui tendit le petit bonnet.

— Je n'ai pas d'argent... mais je travaillerai tant qu'on voudra...

— Oh! mon bon petit ange du paradis — s'écria Mont-Saint-Jean en tombant aux genoux de la Goualeuse, et en tâchant de lui prendre la main pour la baiser; — qu'est-ce que je vous ai donc fait pour que vous soyez aussi charitable pour moi... et toutes ces *dames* aussi? C'est-il bien possible, mon bon Dieu sauveur!... une layette pour mon enfant, une bonne layette... tout ce qu'il lui faudra? Qui aurait jamais cru cela pourtant... j'en deviendrai folle, c'est sûr... Moi qui tout à l'heure étais le *pâtiras* de tout le monde... En un rien de temps... parce que vous leur avez dit... quelque chose... de votre chère petite voix de séraphin... voilà que vous les retournez de mal... à bien... voilà qu'elles m'aiment à cette beure. Et moi... aussi je les aime... Elles sont si bonnes; j'avais tort de me fâcher... Étais-je donc bête... et injuste... et ingrate... tout ce qu'elles me faisaient... c'était pour rire... elles ne me voulaient pas de mal... c'était pour mon bien... en voilà bien la preuve... Oh! maintenant on m'assommerait sur la place, que je ne dirais pas ouf... J'étais par trop susceptible aussi!..

— Nous avons quatre-vingt-huit francs et sept sous — dit la Louve en finissant de compter le montant de la collecte qu'elle enveloppa dans le petit bonnet... — Qui est-ce qui sera la trésorière jusqu'à ce qu'on ait employé l'argent... Faut pas le donner à Mont-Saint-Jean, elle est trop sotte.

— Que la Goualeuse garde l'argent — cria-t-on tout d'une voix.

— Si vous m'en croyez — dit Fleur-de-Marie — vous prierez l'inspectrice, madame Armand, de se charger de cette somme et de faire les emplettes nécessaires à la layette; et puis, qui sait? Madame Armand sera sensible à la bonne action que vous avez faite... et peut-être demandera-t-elle qu'on ôte quelques jours de prison à celles qui sont bien notées...

Eh bien! la Louve — ajouta Fleur-de-Marie en prenant sa compagne par le bras — est-ce que vous ne vous sentez pas plus contente que tout à l'heure... quand vous jetiez au vent les pauvres haillons de Mont-Saint-Jean?

La Louve ne répondit pas d'abord.

A l'exaltation généreuse qui avait un moment animé ses traits succédait une sorte de défiance farouche.

Fleur-de-Marie la regardait avec surprise, ne comprenant rien à ce changement subit.

— La Goualeuse... venez... j'ai à vous parler — dit la Louve d'un air sombre.

— Et se détachant du groupe des détenues, elle emmena brusquement Fleur-de-Marie près du bassin à margelle de pierre creusé au milieu du préau. Un banc était tout près.

La Louve et la Goualeuse s'y assirent et se trouvèrent ainsi presque isolées de leurs compagnes.

CHAPITRE IX.

LA LOUVE ET LA GOUALEUSE.

Nous croyons fermement à l'influence de certains caractères dominateurs, assez sympathiques aux masses, assez puissants sur elles, pour leur imposer le bien ou le mal.

Les uns, audacieux, emportés, indomptables, s'adressant aux mauvaises passions, les soulèveront comme l'ouragan soulève l'écume de la mer; mais, ainsi que tous les orages, ces orages seront aussi furieux qu'éphémères; à ces funestes effervescences succéderont de sourds ressentiments de tristesse, de malaise, qui empireront les plus misérables conditions. Le déboire d'une violence est toujours amer, le réveil d'un excès toujours pénible.

La Louve, si l'on veut, personnifiera cette influence funeste.

D'autres organisations, plus rares, parce qu'il faut que leurs généreux instincts soient fécondés par l'intelligence, et que chez elles l'esprit soit au niveau du cœur; d'autres, disons-nous, inspireront le bien, ainsi que les premiers inspirent le mal. Leur action salutaire pénétrera doucement les âmes, comme les tièdes rayons du soleil pénètrent les corps d'une chaleur vivifiante... comme la fraîche rosée d'une nuit d'été imbibe la terre aride et brûlante.

Fleur-de-Marie, si l'on veut, personnifiera cette influence bienfaisante.

La réaction en bien n'est pas brusque comme la réaction en mal; ses effets se prolongent davantage. C'est quelque chose d'onctueux, d'ineffable, qui peu à peu détend, calme, épanouit les cœurs les plus endurcis, et leur fait goûter une sensation d'une inexprimable sérénité.

Malheureusement le charme cesse...

Après avoir entrevu de célestes clartés, les gens pervers retombent dans les ténèbres de leur vie habituelle; le souvenir des suaves émotions qui les ont un moment surpris s'efface peu à peu... Parfois pourtant ils cherchent vaguement à se les rappeler, de même que nous essayons de murmurer les chants dont notre heureuse enfance a été bercée.

Grâce à la bonne action qu'elle leur avait inspirée, les compagnes de la Goualeuse venaient de connaître la douceur passagère de ces ressentiments, aussi partagés par la Louve... Mais celle-ci, pour des raisons que nous dirons bientôt, devait rester moins long-temps que les autres prisonnières sous cette bienfaisante impression.

Si l'on s'étonne d'entendre et de voir Fleur-de-Marie, naguère si passivement, si douloureusement résignée, agir, parler avec courage et autorité, c'est que les nobles enseignements qu'elle avait reçus pendant son séjour à la ferme de Bouqueval avaient rapidement développé les rares qualités de cette nature excellente.

Fleur-de-Marie comprenait qu'il ne suffisait pas de pleurer un passé irréparable, et qu'on ne se réhabilitait qu'en faisant le bien ou en l'inspirant.

. . . .

Nous l'avons dit : la Louve s'était assise sur un banc de bois à côté de la Goualeuse.

Le rapprochement de ces deux jeunes filles offrait un singulier contraste.

Les pâles rayons d'un soleil d'hiver les éclairaient ; le ciel pur se pommelait çà et là de petites nuées blanches et floconneuses ; quelques oiseaux, égayés par la tiédeur de la température, gazouillaient dans les branches noires des grands marronniers de la cour ; deux ou trois moineaux plus effrontés que les autres venaient boire et se baigner dans un petit ruisseau où s'écoulait le trop plein du bassin ; des mousses vertes veloutaient les revêtements de pierre des margelles ; entre leurs assises disjointes poussaient çà et là quelques touffes d'herbe et de plantes pariétaires épargnées par la gelée.

Cette description d'un bassin de prison semblera puérile, mais Fleur-de-Marie ne perdait pas un de ces détails ; les yeux tristement fixés sur ce petit coin de verdure et sur cette eau limpide, où se réfléchissait la blancheur mobile des nuées courant sur l'azur du ciel... où se brisaient avec un miroitement lumineux les rayons d'or d'un beau soleil... elle songeait en soupirant aux magnificences de la nature qu'elle aimait, qu'elle admirait si poétiquement, et dont elle était encore privée.

— Que vouliez-vous me dire? — demanda la Goualeuse à sa compagne, qui, assise auprès d'elle, restait sombre et silencieuse.

— Il faut que nous ayons une explication — s'écria durement la Louve ; — ça ne peut pas durer ainsi.

— Je ne vous comprends pas... la Louve.

— Tout à l'heure, dans la cour, à propos de Mont-Saint-Jean, je m'étais dit : Je ne veux plus céder à la Goualeuse... et pourtant je viens encore de vous céder...

— Mais...

— Mais je vous dis que ça ne peut pas durer...

— Qu'avez-vous contre moi, la Louve?

— J'ai... que je ne suis plus la même depuis votre arrivée ici... non... je n'ai plus ni cœur, ni force, ni hardiesse...

Puis, s'interrompant, la Louve releva tout à coup la manche de sa robe, et montrant à la Goualeuse son bras blanc, nerveux et couvert d'un duvet noir, elle lui fit remarquer, sur la partie antérieure de ce bras, un tatouage indélébile représentant un poignard bleu à demi enfoncé dans un cœur rouge ; au-dessous de cet emblème on lisait ces mots :

Mort aux lâches !
Martial.
P. L. V. (pour la vie).

— Voyez-vous cela ? — s'écria la Louve.

— Oui... cela est sinistre et me fait peur — dit la Goualeuse en détournant la vue.

— Quand Martial, mon amant, m'a écrit, avec une aiguille rougie au feu, ces mots sur le bras : *Mort aux lâches !* il me croyait brave ; s'il savait ma conduite depuis trois jours, il me planterait son couteau dans le corps comme ce poignard est planté dans ce cœur... et il aurait raison, car il a écrit là... *Mort aux lâches !* et je suis lâche.

— Qu'avez-vous fait de lâche ?

— Tout...

— Regrettez-vous votre bonne pensée de tout à l'heure?

— Oui.

— Ah! je ne vous crois pas...

— Je vous dis que je la regrette, moi, car c'est encore une preuve de ce que vous pouvez sur toutes. Est-ce que vous n'avez pas entendu Mont-Saint-Jean, quand elle était à genoux... à vous remercier?...

— Qu'a-t-elle dit?...

— Elle a dit, en parlant de nous, que *d'un rien vous nous tourniez de mal à bien.* Je l'aurais étranglée quand elle a dit ça... car, pour notre honte... c'était vrai. Oui, en un rien de temps, vous nous changez du blanc au noir : on vous écoute, on se laisse aller à ses premiers mouvements... et on est votre dupe comme tout à l'heure...

— Ma dupe... pour avoir secouru généreusement cette pauvre femme!

— Il ne s'agit pas de tout ça — s'écria la Louve avec colère — je n'ai jusqu'ici courbé la tête devant personne... La Louve est mon nom, et je suis bien nommée... plus d'une femme porte mes marques... plus d'un homme aussi... il ne sera pas dit qu'une petite fille comme vous me mettra sous ses pieds...

— Moi!.. et comment?

— Est-ce que je le sais, comment?... Vous arrivez ici... vous commencez d'abord par m'offenser...

— Vous offenser?..

— Oui... vous demandez qui veut votre pain... la première, je réponds : *Moi!*... Mont-Saint-Jean ne vous le demande qu'ensuite... et vous lui donnez la préférence... Furieuse de cela, je m'élance sur vous, mon couteau levé...

— Et je vous dis : Tuez-moi si vous voulez... mais ne me faites pas trop souffrir... — reprit la Goualeuse... — voilà tout.

— Voilà tout?... oui, voilà tout!... et pourtant ces seuls mots-là m'ont fait tomber mon couteau des mains... m'ont fait vous demander pardon... à vous qui m'aviez offensée... Est-ce que c'est naturel?.. Tenez, quand je reviens dans mon bon sens, je me fais pitié à moi-même... Et le soir de votre arrivée ici, lorsque vous vous êtes mise à genoux pour votre prière, pourquoi, au lieu de me moquer de vous, et d'ameuter tout le dortoir, pourquoi ai-je dit : Faut la laisser tranquille... Elle prie, c'est qu'elle en a le droit... Et le lendemain, pourquoi, moi et les autres, avons-nous eu honte de nous habiller devant vous ?

— Je ne le sais pas... la Louve.

— Vraiment ! — reprit cette violente créature avec ironie ; — vous ne le savez pas ! C'est sans doute, comme nous vous l'avons dit quelquefois en plaisantant, que vous êtes d'une autre espèce que nous. Vous croyez peut-être cela ?

— Je ne vous ai jamais dit que je le croyais.

— Non, vous ne le dites pas... mais vous faites tout comme.

— Je vous en prie, écoutez-moi...

— Non, ça m'a été trop mauvais de vous écouter... de vous regarder. Jusqu'ici je n'avais jamais envié personne. Eh bien ! deux ou trois fois je me suis surprise... faut-il être bête et lâche !... je me suis surprise à envier votre figure de Sainte-Vierge, votre air doux et triste... Oui, j'ai envié jusqu'à vos cheveux blonds et à vos yeux bleus, moi qui ai toujours détesté les blondes, vu que je suis brune... Vouloir vous ressembler... moi, la Louve!... moi!... Il y a huit jours, j'aurais *marqué* celui qui m'aurait dit ça... Ce n'est pourtant pas votre sort qui peut tenter; vous êtes chagrine comme une Madeleine. Est-ce naturel, dites?

— Comment voulez-vous que je me rende compte des impressions que je vous cause?

— Oh! vous savez bien ce que vous faites... avec votre air de ne pas y toucher.

— Mais quel mauvais dessein me supposez-vous?

— Est-ce que je le sais, moi? C'est justement parce que je ne comprends rien à tout cela que je me défie de vous. Il y a autre chose: jusqu'ici j'avais été toujours gaie ou colère... mais jamais *songeuse*... et vous m'avez rendue *songeuse*. Oui, il y a des mots que vous dites qui, malgré moi, m'ont remué le cœur et m'ont fait songer à toutes sortes de choses tristes.

— Je suis fâchée de vous avoir peut-être attristée, la Louve... mais je ne me souviens pas de vous avoir dit...

— Eh! mon Dieu — s'écria la Louve en

interrompant sa compagne avec une impatience courroucée — ce que vous faites est quelquefois aussi émouvant que ce que vous dites !.. Vous êtes si maligne !..

— Ne vous fâchez pas, la Louve... expliquez-vous...

— Hier, dans l'atelier de travail, je vous voyais bien... vous aviez la tête et les yeux baissés sur l'ouvrage que vous cousiez; une grosse larme est tombée sur votre main... Vous l'avez regardée pendant une minute... et puis vous avez porté votre main à vos lèvres, comme pour la baiser et l'essuyer, cette larme ; est-ce vrai ?

— C'est vrai — dit la Goualeuse en rougissant.

— Ça n'a l'air de rien... mais dans cet instant-là vous aviez l'air si malheureux, si malheureux, que je me suis sentie tout écœurée, toute sens dessus dessous... Dites donc, est-ce que vous croyez que c'est amusant ? Comment ! j'ai toujous été dure comme roc pour ce qui me touche... personne ne peut se vanter de m'avoir vue pleurer... et il faut qu'en regardant seulement votre petite frimousse je me sente des lâchetés plein le cœur !.. Oui, car tout ça c'est des pures lâchetés; et la preuve, c'est que depuis trois jours je n'ai pas osé écrire à Martial, mon amant, tant j'ai une mauvaise conscience... Oui, votre fréquentation m'affadit le caractère, il faut que ça finisse... j'en ai assez; ça tournerait mal... je n'entends... Je veux rester comme je suis... et ne pas me faire moquer de moi...

— Et pourquoi se moquerait-on de vous?

— Pardieu! parce qu'on me verrait faire la bonne et la bête, moi qui faisais trembler tout le monde ici! Non, non, j'ai vingt ans, je suis aussi belle que vous dans mon genre; je suis méchante... on me craint, c'est ce que je veux... Je me moque du reste... Crève qui dit le contraire !..

— Vous être fâchée contre moi, la Louve?

— Oui, vous êtes pour moi une mauvaise connaissance; si ça continuait, dans quinze jours, au lieu de m'appeler la Louve, on m'appellerait... *la Brebis*. Merci !.. ça n'est pas moi qu'on châtrera jamais comme ça... Martial me tuerait.. Finalement je ne veux plus vous fréquenter; pour me séparer tout à fait de vous, je vais demander à être changée de salle; si on me refuse, je ferai un mauvais coup pour me remettre en haleine et pour qu'on m'envoie au cachot jusqu'à ma sortie... Voilà ce que j'avais à vous dire, la Goualeuse.

Fleur-de-Marie comprit que sa compagne, dont le cœur n'était pas complétement vicié, se débattait, pour ainsi dire, contre de meilleures tendances. Sans doute, ces vagues aspirations vers le bien avaient été éveillées chez la Louve par la sympathie, par l'intérêt involontaire que lui inspirait Fleur-de-Marie.

Heureusement pour l'humanité, de rares mais éclatants exemples prouvent, nous le répétons, qu'il est des âmes d'élite, douées, presque à leur insu, d'une telle puissance d'attraction, qu'elles forcent les êtres les plus réfractaires à entrer dans leur sphère et à tendre plus ou moins à s'assimiler à elles.

Les résultats prodigieux de certaines missions, de certains apostolats, ne s'expliquent pas autrement...

Dans un cercle infiniment borné, telle était la nature des rapports de Fleur-de-Marie et de la Louve; mais celle-ci, par une contradiction singulière, ou plutôt par une conséquence de son caractère intraitable et pervers, se défendait de tout son pouvoir contre la salutaire influence qui la gagnait... de même que les caractères honnêtes luttent énergiquement contre les influences mauvaises.

Si l'on songe que le vice a souvent un orgueil infernal, l'on ne s'étonnera pas de voir la Louve faire tous ses efforts pour conserver sa réputation de créature indomptable et redoutée, et pour ne pas devenir de *louve... brebis,* ainsi qu'elle disait.

Pourtant ces hésitations, ces colères, ces combats, mêlés çà et là de quelques élans généreux, révélaient chez cette malheureuse des symptômes trop favorables et trop significatifs pour que Fleur-de-Marie abandonnât l'espoir qu'elle avait un moment conçu.

Oui, pressentant que la Louve n'était pas absolument perdue, elle aurait voulu la sauver comme on l'avait sauvée elle-même.

« La meilleure manière de prouver ma
» reconnaissance à mon bienfaiteur — pen-
» sait la Goualeuse — c'est de donner à d'au-

» tres, qui peuvent encore les entendre, les
» nobles conseils qu'il m'a donnés. »

Prenant timidement la main de sa compagne, qui la regardait avec une sombre défiance, Fleur-de-Marie lui dit :

— Je vous assure, la Louve... que vous vous intéressez à moi... non pas parce que vous êtes lâche, mais parce que vous êtes généreuse... Les braves cœurs sont les seuls qui s'attendrissent sur le malheur des autres.

— Il n'y a ni générosité ni courage là-dedans — dit brutalement la Louve ; — c'est de la lâcheté... D'ailleurs je ne veux pas que vous me disiez que je me suis attendrie... ça n'est pas vrai...

— Je ne le dirai plus, la Louve ; mais puisque vous m'avez témoigné de l'intérêt... vous me laisserez vous en être reconnaissante, n'est-ce pas ?

— Je m'en moque pas mal !.. Ce soir je serai dans une autre salle que vous... ou seule au cachot, et bientôt je serai dehors, Dieu merci !

— Et où irez-vous en sortant d'ici ?

—Tiens... chez moi donc, rue Pierre-Lescot. Je suis dans mes meubles.

— Et Martial — dit la Goualeuse, qui espérait continuer l'entretien en parlant à la Louve d'un objet intéressant pour elle — et Martial, vous serez bien contente de le revoir?

— Oui... oh, oui!.. — répondit-elle avec un accent passionné. — Quand j'ai été arrêtée, il relevait de maladie... une fièvre qu'il avait eue parce qu'il demeure toujours sur l'eau... Pendant dix-sept jours et dix-sept nuits, je ne l'ai pas quitté d'une minute, j'ai vendu la moitié de mon *bazar* pour payer le médecin, les drogues, tout... Je peux m'en vanter, et je m'en vante... si mon homme vit, c'est à moi qu'il le doit... J'ai encore hier fait brûler un cierge pour lui... C'est des bêtises... mais c'est égal, on a vu quelquefois de très-bons effets de ça pour la convalescence...

— Et où est-il maintenant? que fait-il?

— Il demeure toujours près du pont d'Asnières, sur le bord de l'eau.

— Sur le bord de l'eau?

— Oui, il est établi là avec sa famille, dans

une maison isolée. Il est toujours en guerre avec les gardes-pêche, et une fois qu'il est dans son bateau, avec son fusil à deux coups, il ne ferait pas bon de l'approcher, allez! — dit orgueilleusement la Louve.

— Quel est donc son état?

— Il pêche en fraude, la nuit; et puis, comme il est brave comme un lion, quand un poltron veut faire chercher querelle à un autre, il s'en charge, lui... Son père a eu des *malheurs* avec la justice. Il a encore sa mère, deux sœurs et un frère... Autant vaudrait pour lui... ne pas l'avoir, ce frère-là... car c'est un scélérat qui se fera guillotiner un jour ou l'autre... ses sœurs aussi... Enfin, n'importe, c'est à eux leur cou.

— Et où l'avez-vous connu, Martial?

— A Paris. Il avait voulu apprendre l'état de serrurier... un bel état, toujours du fer rouge et du feu autour de soi... du danger, quoi!.. ça lui convenait; mais, comme moi, il avait mauvaise tête, ça n'a pas pu marcher avec ses bourgeois; alors il s'en est retourné auprès de ses parents, et il s'est mis à marauder sur la rivière. Il vient me voir à Paris, et moi, dans le jour, je vais le voir à Asnières : c'est tout près... ça serait plus loin que j'irais tout de même, quand ça serait sur les genoux et sur les mains.

— Vous serez bien heureuse d'aller à la campagne... vous, la Louve ! — dit la Goualeuse en soupirant; — surtout si vous aimez, comme moi, à vous promener dans les champs.

— J'aimerais bien mieux me promener dans les bois, dans les grandes forêts, avec mon homme.

— Dans les forêts ?.. vous n'auriez pas peur?

— Peur ! ah bien oui, peur ! Est-ce qu'une louve a peur? Plus la forêt serait déserte et épaisse, plus j'aimerais ça. Une hutte isolée où j'habiterais avec Martial, qui serait braconnier; aller avec lui, la nuit, tendre des piéges au gibier... et puis, si les gardes venaient pour nous arrêter, leur tirer des coups de fusil, nous deux mon homme, en nous cachant dans les broussailles, ah ! dame... c'est ça qui serait bon !..

— Vous avez donc déjà habité des bois, la Louve ?

— Jamais.

— Qui vous a donc donné ces idées-là ?

— Martial.

— Comment ?

— Il était braconnier dans la forêt de Rambouillet. Il y a un an, il a *censé* tiré sur un garde qui avait tiré sur lui... gueux de garde! enfin ça n'a pas été prouvé en justice, mais Martial a toujours été obligé de quitter le pays... Alors il est venu à Paris pour apprendre l'état de serrurier; c'est là où je l'ai connu. Comme il était trop mauvaise tête pour s'arranger avec son bourgeois, il a mieux aimé retourner à Asnières près de ses parents, et marauder sur la rivière; c'est moins assujettissant... Mais il regrette toujours les bois; il y retournera un jour ou l'autre. A force de me parler du braconnage et des forêts, il m'a fourré ces idées-là dans la tête... et maintenant il me semble que je suis née pour ça. Mais c'est toujours de même... ce que veut votre homme, vous le voulez... Si Martial avait été voleur... j'aurais été voleuse... Quand on a un homme, c'est pour être comme son homme.

— Et vos parents, la Louve, où sont-ils ?

— Est-ce que je sais, moi !...

— Il y a long-temps que vous ne les avez vus ?

— Je ne sais seulement pas s'ils sont morts ou en vie.

— Ils étaient donc méchants pour vous ?

— Ni bons ni méchants : j'avais, je crois bien, onze ans quand ma mère s'en est allée d'un côté avec un soldat. Mon père, qui était journalier, a amené dans notre grenier une maîtresse à lui, avec deux garçons qu'elle avait, un de six ans, et un de mon âge. Elle était marchande de pommes à la brouette. Ça n'a pas été trop mal dans les commencements ; mais ensuite, pendant qu'elle était à sa charretée, il venait chez nous une écaillère avec qui mon père faisait des traits à l'autre... qui l'a su. Depuis ce temps-là, il y avait presque tous les soirs à la maison des batteries si enragées que ça nous en donnait la petite mort, à moi et aux deux garçons avec qui je couchais ; car notre logement n'avait qu'une pièce, et nous avions un lit pour nous trois... dans la même chambre que mon père et sa maîtresse. Un jour, c'était justement le jour de sa fête, à elle, la sainte Madeleine, voilà-t-il pas qu'elle lui reproche de ne pas lui avoir souhaité sa fête ! De raisons en raisons, mon père a fini par lui fendre la tête d'un coup de manche à balai. J'ai joliment cru que c'était fini. Elle est tombée comme un plomb, la mère Madeleine; mais elle avait la vie dure et la tête aussi. Après ça, elle le rendait bien à mon père : une fois, elle l'a mordu si fort à la main, que le morceau lui est resté dans les dents. Faut dire que ces massacres-là, c'étaient comme qui dirait les jours de *grandes eaux* à Versailles ; les jours ouvrables, les batteries étaient moins voyantes; il y avait des *bleus*, mais pas de rouge...

— Et cette femme était méchante pour vous ?

— La mère Madeleine ? non, au contraire, elle n'était que vive; sauf ça, une brave femme. Mais à la fin mon père en a eu assez; il lui a abandonné le peu de meubles qu'il y avait chez nous, et il n'est plus revenu. Il était Bourguignon ; faut croire qu'il sera retourné au pays. Alors j'avais quinze ou seize ans...

— Et vous êtes restée avec l'ancienne maîtresse de votre père ?

— Où est-ce que je serais allée ? Alors elle s'est mise avec un couvreur qui est venu habiter chez nous. Des deux garçons de la mère Madeleine, il y en a un, le plus grand, qui s'est noyé à l'île des Cygnes ; l'autre est entré en apprentissage chez un menuisier.

— Et que faisiez-vous chez cette femme ?

— Je tirais sa charrette avec elle, je faisais la soupe, j'allais porter à manger à son homme, et quand il rentrait gris, ce qui lui arrivait plus souvent qu'à son tour, j'aidais la mère Madeleine à le rouer de coups pour en avoir la paix, car nous habitions toujours la même chambre... Il était méchant comme un âne rouge quand il était dans le vin, il voulait tout tuer. Une fois, si nous ne lui avions pas arraché sa hachette, il nous aurait assassinées toutes les deux. La mère Madeleine a eu pour sa part un coup sur l'épaule, qui a saigné comme une vraie boucherie.

— Et comment êtes-vous devenue... ce que

nous sommes ? — dit Fleur-de-Marie en hésitant.

— Le fils de Madeleine, le petit Charles, qui s'est depuis noyé à l'île des Cygnes, avait été... avec moi... à peu près depuis le temps que lui, sa mère et son frère étaient venus loger chez nous, quand nous étions deux enfants... quoi !... Après lui le couvreur... ça m'était égal ; mais j'avais peur d'être mise à la porte par la mère Madeleine, si elle s'apercevait de quelque chose. Ça est arrivé ; comme elle était bonne femme, elle m'a dit : — « Puisque c'est ainsi, tu as seize ans, tu n'es propre à rien, tu es trop mauvaise tête pour te mettre en place ou pour apprendre un état; tu vas venir avec moi te faire inscrire à la police; à défaut de tes parents, je répondrai de toi, ça te fera toujours un sort autorisé par le gouvernement; t'auras rien à faire qu'à nocer; je serais tranquille sur toi, et tu ne me seras plus à charge. Qu'est-ce que tu dis de cela, ma fille?—Ma foi, au fait, vous avez raison, que je lui ai répondu, je n'avais pas songé à ça. » — Nous avons été au *bureau des mœurs*, elle m'a recommandée dans une maison, et c'est depuis ce temps-là que je suis inscrite. J'ai revu la mère Madeleine... il y a de ça un an; j'étais à boire avec mon homme: nous l'avons invitée; elle nous a dit que le couvreur était aux galères. Depuis je ne l'ai pas rencontrée, elle; je ne sais plus qui, dernièrement, soutenait qu'elle avait été apportée à la Morgue, il y a trois mois. Si ça est, ma foi, tant pis! car c'était une brave femme, la mère Madeleine... elle avait le cœur sur la main et pas plus de fiel qu'un pigeon.

Fleur-de-Marie, quoique plongée jeune dans une atmosphère de corruption, avait depuis respiré un air si pur, qu'elle éprouva une oppression douloureuse à l'horrible récit de la Louve.

Et si nous avons eu le triste courage de le faire, ce récit, c'est qu'il faut bien qu'on sache que, si hideux qu'il soit, il est encore mille fois au-dessous d'innombrables réalités.

Oui, l'ignorance et la misère conduisent souvent les classes pauvres à ces effrayantes dégradations humaines et sociales...

Oui, il est une foule de tanières où enfants et adultes, filles et garçons, légitimes ou bâtards, gisant pêle-mêle sur la même paillasse, comme des bêtes dans la même litière, ont continuellement sous les yeux d'abominables exemples d'ivresse, de violences, de débauches et de meurtres...

Oui, et trop fréquemment encore... l'IN-CESTE!!!... vient ajouter une horreur de plus à ces horreurs...

Les riches peuvent entourer leurs vices d'ombre et de mystère, et respecter la sainteté du foyer domestique.

Mais les artisans les plus honnêtes, occupant presque toujours une seule chambre avec leur famille, sont forcés, faute de lits et d'espace, de faire coucher leurs enfants ensemble, *frères et sœurs*... à quelques pas d'eux... *maris et femmes.*

Si l'on frémit déjà des fatales conséquences de telles nécessités, presque toujours inévitablement imposées aux artisans pauvres, mais probes, que sera-ce donc lorsqu'il s'agira d'artisans dépravés par l'ignorance ou par l'inconduite?

Quels épouvantables exemples ne donneront-ils pas à de malheureux enfants, abandonnés, ou plutôt excités, dès leur plus tendre jeunesse, à tous les penchants brutaux, à toutes les passions animales! Auront-ils seulement l'idée du devoir, de l'honnêteté, de la pudeur?

Ne seront-ils pas aussi étrangers aux lois sociales que les sauvages du Nouveau-Monde?

Pauvres créatures corrompues en naissant, qui, dans les prisons où les conduisent souvent le vagabondage et le délaissement, sont déjà flétries par cette grossière et terrible métaphore :

—GRAINES DE BAGNE!!!...

Et la métaphore a raison.

Cette sinistre prédiction s'accomplit presque toujours : galères ou lupanar, chaque sexe a son avenir...

Nous ne voulons justifier ici aucun débordement.

Que l'on compare seulement la dégradation volontaire d'une femme pieusement élevée au sein d'une famille aisée, qui ne lui aurait donné que de nobles exemples; que l'on compare, disons-nous, cette dégradation à celle de la Louve, créature pour ainsi dire élevée dans le vice, par le vice et pour le vice, à qui l'on montre, non sans raison, la prostitution comme un état protégé par le gouvernement !

Ce qui est vrai.

Il y a un bureau où cela s'enregistre, se certifie et se paraphe ;

Un bureau où souvent la mère vient autoriser la prostitution de sa fille ; le mari, la prostitution de sa femme...

Cet endroit s'appelle le *Bureau des mœurs !!!*

Ne faut-il pas qu'une société ait un vice d'organisation bien profond, bien incurable, à l'endroit des lois qui régissent la condition de l'homme et de la femme, pour que le pouvoir... LE POUVOIR... cette grave et morale abstraction, soit obligé, non-seulement de tolérer, mais de réglementer, mais de légaliser, mais de protéger, pour la rendre moins dangereuse, cette vente du corps et de l'âme, qui, multipliée par les appétits effrénés d'une population immense, atteint chaque jour à un chiffre presque incommensurable !

. . . .

CHAPITRE X.

CHATEAUX EN ESPAGNE.

La Goualeuse, surmontant l'émotion que lui avait causée la triste confession de sa compagne, lui dit timidement :

— Écoutez-moi sans vous fâcher.

— Voyons.... dites... j'espère que j'ai assez bavardé; mais, au fait, c'est égal, puisque c'est la dernière fois que nous causerons ensemble.

— Êtes-vous heureuse, la Louve ?

— Comment ?

— De la vie que vous menez ?

— Ici, à Saint-Lazare ?

— Non... chez vous... quand vous êtes libre ?

— Oui, je suis heureuse.

— Toujours ?

— Toujours.

— Vous ne voudriez pas changer votre sort contre un autre?

— Contre quel sort? Il n'y a pas d'autre sort pour moi.

— Dites-moi, la Louve — reprit Fleur-de-Marie après un moment de silence — est-ce que vous n'aimez pas à faire quelquefois des châteaux en Espagne?.. c'est si amusant... en prison !

— A propos de quoi... des châteaux en Espagne?

— A propos de Martial.

— De mon homme?

— Oui...

— Ma foi, je n'en ai jamais fait.

— Laissez-moi en faire un... pour vous et pour Martial...

— Bah!.. à quoi bon?..

— A passer le temps...

— Eh bien ! voyons ce château en Espagne !

— Figurez-vous, par exemple, qu'un hasard comme il en arrive quelquefois vous fasse rencontrer une personne qui vous dise : Abandonnée de votre père et de votre mère, votre enfance a été entourée de si mauvais exemples, qu'il faut vous plaindre autant que vous blâmer d'être devenue...

— D'être devenue quoi?

— Ce que vous et moi... nous sommes devenues... — répondit la Goualeuse d'une voix douce; et elle continua : — Supposez que cette personne vous dise encore : Vous aimez Martial... il vous aime... vous et lui quittez une vie mauvaise ; au lieu d'être sa maîtresse... soyez sa femme.

La Louve haussa les épaules.

— Est-ce qu'il voudrait de moi pour sa femme?

— Excepté le braconnage, il n'a commis, n'est-ce pas, aucune autre action coupable?

— Non... il est braconnier sur la rivière comme il l'était dans les bois, et il a raison. Tiens, est-ce que les poissons ne sont pas comme le gibier, à qui peut les prendre? Où donc est la marque de leur propriétaire?

— Eh bien! supposez qu'ayant renoncé à son dangereux métier de maraudeur de rivière, il veuille devenir tout à fait honnête homme; supposez qu'il inspire, par la franchise de ses bonnes résolutions, assez de confiance à un bienfaiteur inconnu pour que celui-ci lui donne une place... voyons... c'est toujours un château en Espagne... lui donne une place... de garde-chasse, par exemple, à lui qui était braconnier, ça serait dans ses goûts, j'espère; c'est le même état... mais *en bien*...

— Ma foi, oui, c'est toujours vivre dans les bois.

— Seulement, on ne lui donnerait cette place qu'à la condition qu'il vous épouserait et qu'il vous emmènerait avec lui.

— M'en aller avec Martial?

— Oui, vous seriez si heureuse, disiez-vous, d'habiter ensemble au fond des forêts! N'aimeriez-vous pas mieux, au lieu d'une mauvaise hutte de braconnier, où vous vous cacheriez tous deux comme des coupables, avoir une honnête petite chaumière dont vous seriez la ménagère active et laborieuse?

— Vous vous moquez de moi... est-ce que c'est possible?

— Qui sait? le hasard!.. D'ailleurs c'est toujours un château en Espagne.

— Ah! comme ça, à la bonne heure.

— Dites donc, la Louve, il me semble déjà

vous voir établie dans votre maisonnette, en pleine forêt, avec votre mari et deux ou trois enfants... Des enfants... quel bonheur! n'est-ce pas?

— Des enfants de mon homme?.. — s'écria la Louve avec une passion farouche — oh! oui, ils seraient fièrement aimés, ceux-là!..

— Comme ils vous tiendraient compagnie dans votre solitude! puis, quand ils seraient un peu grands, ils commenceraient à vous rendre bien des services; les plus petits ramasseraient des branches mortes pour votre chauffage; le plus grand irait dans les herbes de la forêt faire pâturer une vache ou deux qu'on vous donnerait pour récompenser votre mari de son activité; car, ayant été braconnier, il n'en serait que meilleur garde-chasse...

— Au fait... c'est vrai... Tiens, c'est amusant, ces châteaux en Espagne. Dites-m'en donc encore, la Goualeuse!

— On serait très-content de votre mari... vous auriez de son maître quelques douceurs... une basse-cour, un jardin; mais, dame! aussi, il vous faudrait courageusement travailler, la Louve! et cela du matin au soir.

— Oh! si ce n'était que ça, une fois auprès de mon homme, l'ouvrage ne me ferait pas peur, à moi... j'ai de bons bras...

— Et vous auriez de quoi les occuper, je vous en réponds... Il y a tant à faire .. tant à faire!... c'est l'étable à soigner, les repas à préparer, les habits de la famille à raccommoder; c'est un jour le blanchissage, un autre jour le pain à cuire, ou bien encore la maison à nettoyer du haut en bas, pour que les autres gardes de la forêt disent : — « Oh! il n'y a pas une ménagère comme la femme à Martial; de la cave au grenier sa maison est un miracle de propreté... et des enfants toujours si bien soignés! C'est qu'aussi elle est fièrement laborieuse, madame Martial... »

— Dites donc, la Goualeuse, c'est vrai, je m'appellerais madame Martial... — reprit la Louve avec une sorte d'orgueil; — madame Martial!...

— Ce qui vaudrait mieux que de vous appeler *la Louve*, n'est-ce pas?

— Bien sûr j'aimerais mieux le nom de

mon homme que le nom d'une bête... Mais, bah!... bah!... *louve* je suis née... *louve* je mourrai...

— Qui sait?... qui sait?... ne pas reculer devant une vie bien dure, mais honnête, ça porte bonheur... Ainsi, le travail ne vous effraierait pas?...

— Oh! pour ça, non; ce n'est pas mon homme et trois ou quatre mioches à soigner qui m'embarrasseraient, allez!

— Et puis aussi tout n'est pas labeur, il y a des moments de repos; l'hiver, à la veillée, pendant que les enfants dorment, et que votre mari fume sa pipe en nettoyant ses armes ou en caressant ses chiens. Écoutez donc... vous pouvez prendre un peu de bon temps.

— Bah! bah! du bon temps... rester les bras croisés! Ma foi non; j'aimerais mieux raccommoder le linge de la famille, le soir, au coin du feu; ça n'est pas déjà si fatigant... L'hiver, les jours sont si courts!

Aux paroles de Fleur-de-Marie, la Louve oubliait de plus en plus le présent pour ces rêves d'avenir... Aussi vivement intéressée que précédemment la Goualeuse, lorsque Rodolphe lui avait parlé des douceurs rustiques de la ferme de Bouqueval.

La Louve ne cachait pas les goûts sauvages que lui avait inspirés son amant. Se souvenant de l'impression profonde, salutaire, qu'elle avait ressentie aux riantes peintures de Rodolphe à propos de la vie des champs, Fleur-de-Marie voulait tenter le même moyen d'action sur la Louve, pensant avec raison que si sa compagne se laissait assez émouvoir au tableau d'une existence rude, pauvre et solitaire, pour désirer ardemment une vie pareille..... cette femme mériterait intérêt et pitié.

Enchantée de voir sa compagne l'écouter avec curiosité, la Goualeuse reprit en souriant :

— Et puis, voyez-vous.... *madame Martial*... laissez-moi vous appeler ainsi... qu'est-ce que cela vous fait?...

— Tiens, au contraire, ça me flatte... — puis la Louve haussa les épaules en souriant aussi, et reprit : — Quelle bêtise... de *jouer à la madame!* Sommes-nous enfants!... C'est égal... allez toujours... c'est amusant... Vous dites donc?...

— Je dis, madame Martial, qu'en parlant de votre vie, l'hiver au fond des bois, nous ne songeons qu'à la pire des saisons.

— Ma foi, non, ça n'est pas la pire... Entendre le vent siffler la nuit dans la forêt, et de temps en temps hurler les loups, bien loin... bien loin... je ne trouverais pas ça ennuyeux, moi, pourvu que je sois au coin du feu avec mon homme et mes mioches, ou même toute seule sans mon homme s'il était à faire sa ronde; oh! un fusil ne me fait pas peur, à moi... Si j'avais mes enfants à défendre... je serais bonne là... allez!... la Louve garderait bien ses louveteaux!

— Oh! je vous crois... vous êtes très-brave, vous... mais moi, poltronne, je préfère le printemps à l'hiver... Oh! le printemps, madame Martial, le printemps! quand verdissent les feuilles, quand fleurissent les jolies fleurs des bois, qui sentent si bon, si bon, que l'air est embaumé... C'est alors que vos enfants se rouleraient gaiement dans l'herbe nouvelle; et puis la forêt serait si touffue qu'on apercevrait à peine votre maison au milieu du feuillage. Il me semble que je la vois d'ici... il y a devant la porte un berceau de vigne que votre mari a plantée et qui ombrage le banc de gazon où il dort durant la grande chaleur du jour, pendant que vous allez et venez en recommandant aux enfants de ne pas réveiller leur père... Je ne sais pas si vous avez remarqué cela; mais dans la forêt de l'été, sur le midi, il se fait dans les bois autant de silence que pendant la nuit... On n'entend ni les feuilles remuer, ni les oiseaux chanter...

— Ça, c'est vrai — répéta presque machinalement la Louve, qui, oubliant de plus en plus la réalité, croyait presque voir se dérouler à ses yeux les riants tableaux que lui présentait l'imagination poétique de Fleur-de-Marie... de Fleur-de-Marie, si instinctivement amoureuse des beautés de la nature.

Ravie de la profonde attention que lui prêtait sa compagne, la Goualeuse reprit en se laissant elle-même entraîner au charme des pensées qu'elle évoquait :

— Il y a une chose que j'aime presque autant que le silence des bois, c'est le bruit des grosses gouttes de pluie d'été tombant sur les feuilles; aimez-vous cela aussi?

— Oh! oui,... j'aime bien aussi la pluie d'été.

— N'est-ce pas? lorsque les arbres, la mousse, l'herbe, tout est bien trempé, quelle bonne odeur fraîche! Et puis, comme le soleil, en passant à travers les arbres, fait briller toutes ces gouttelettes d'eau qui pendent aux feuilles après l'ondée! avez-vous aussi remarqué cela?

— Oui... mais je m'en souviens parce que vous me le dites à présent... Comme c'est drôle pourtant! vous racontez si bien, la Goualeuse, qu'on semble tout voir, tout voir, à mesure que vous parlez... et puis, dame! je ne sais pas comment vous expliquer cela... mais, tenez, ce que vous dites... ça sent bon... ça rafraîchit... comme la pluie d'été dont nous parlons.

Ainsi que le beau, que le bien, la poésie est souvent *contagieuse*.

La Louve, cette nature brute et farouche, devait subir en tout l'influence de Fleur-de-Marie.

Celle-ci reprit en souriant :

— Il ne faut pas croire que nous soyons seules à aimer la pluie d'été. Et les oiseaux donc! comme ils sont contents, comme ils secouent leurs plumes, en gazouillant joyeusement... pas plus joyeusement pourtant que vos enfants... vos enfants libres, gais et légers comme eux. Voyez-vous, à la tombée du jour, les plus petits courir à travers bois au devant de l'aîné, qui ramène deux génisses du pâturage? ils ont bien vite reconnu le tintement lointain des clochettes, allez!...

— Dites donc, la Goualeuse, il me semble voir le plus petit et le plus hardi, qui s'est fait mettre, par son frère aîné qui le soutient, à califourchon sur le dos d'une des vaches...

— Et l'on dirait que la pauvre bête sait quel fardeau elle porte, tant elle marche avec précaution... Mais voilà l'heure du souper : votre aîné, tout en menant pâturer son bétail, s'est amusé à remplir pour vous un panier de belles fraises des bois, qu'il a rapportées au frais, sous une couche épaisse de violettes sauvages.

— Fraises et violettes... c'est ça qui doit encore être un baume!... Mais, mon Dieu! mon Dieu! où diable allez-vous donc chercher ces idées-là, la Goualeuse?

— Dans les bois où mûrissent les fraises, où fleurissent les violettes... il n'y a qu'à regarder et à ramasser, madame Martial... Mais parlons ménage... voici la nuit, il faut traire vos laitières, préparer le souper sous le berceau de vigne ; car vous entendez aboyer les chiens de votre mari, et bientôt la voix de leur maître, qui, tout harassé qu'il est, rentre en chantant.... Et comment n'avoir pas envie de chanter quand, par une belle soirée d'été, le cœur satisfait, on regagne la maison où vous attendent une bonne femme et de beaux enfants?... N'est-ce pas, madame Martial?

— C'est vrai, on ne peut faire autrement que de chanter — dit la Louve, devenant de plus en plus *songeuse*.

— A moins qu'on ne pleure d'attendrissement — reprit Fleur-de-Marie, émue elle-même. — Et ces larmes-là sont aussi douces que des chansons... Et puis, quand la nuit est venue tout à fait, quel bonheur de rester sous la tonnelle à jouir de la sérénité d'une belle soirée... à respirer l'odeur de la forêt... à écouter babiller ses enfants... à regarder les étoiles... Alors, le cœur est si plein, si plein...

qu'il faut qu'il déborde par la prière... Comment ne pas remercier celui à qui l'on doit la fraîcheur du soir, la senteur des bois, la douce clarté du ciel étoilé?.. Après ce remercîment ou cette prière, on va dormir paisiblement jusqu'au lendemain, et on remercie encore le Créateur... car cette vie pauvre, laborieuse, mais calme et honnête, est celle de tous les jours...

— De tous les jours!... — répéta la Louve, la tête baissée sur sa poitrine, le regard fixe, le sein oppressé — car c'est vrai, le bon Dieu est bon de nous donner de quoi vivre si heureux avec si peu...

— Eh bien, dites maintenant — reprit doucement Fleur-de-Marie — dites, ne devrait-il pas être béni comme Dieu celui qui vous donnerait cette vie paisible et laborieuse, au lieu de la vie misérable que vous menez dans la boue des rues de Paris?...

Ce mot de *Paris* rappela brusquement la Louve à la réalité...

Il venait de se passer dans l'âme de cette créature un phénomène étrange.

Peinture naïve d'une condition humble et

rude, ce simple récit, tour à tour éclairé des douces lueurs du foyer domestique, doré par quelques joyeux rayons de soleil, rafraîchi par la brise des grands bois ou parfumé de la senteur des fleurs sauvages, ce récit avait fait sur la Louve une impression plus profonde, plus saisissante que ne l'aurait fait une exhortation d'une moralité transcendante.

Oui, à mesure que parlait Fleur-de-Marie, la Louve avait désiré d'être ménagère infatigable, vaillante épouse, mère pieuse et dévouée...

Inspirer, même pendant un moment, à une femme violente, immorale, avilie, l'amour de la famille, le respect du devoir, le goût du travail, la reconnaissance envers le Créateur, et cela seulement en lui promettant ce que Dieu donne à tous, le soleil du ciel et l'ombre des forêts... ce que l'homme doit à qui travaille, un toit et du pain, n'était-ce pas un beau triomphe pour Fleur-de-Marie !

Le moraliste le plus sévère, le prédicateur le plus fulminant, auraient-ils obtenu davantage en faisant gronder dans leurs prédications menaçantes toutes les vengeances humaines, toutes les foudres divines?

La colère douloureuse dont se sentit transportée la Louve en revenant à la réalité, après s'être laissé charmer par la rêverie nouvelle et salutaire où, pour la première fois, l'avait plongée Fleur-de-Marie, prouvait l'influence des paroles de cette dernière sur sa malheureuse compagne.

Plus les regrets de la Louve étaient amers en retombant de ce consolant mirage dans l'horreur de sa position, plus le triomphe de la Goualeuse était manifeste.

Après un moment de silence et de réflexion, la Louve redressa brusquement la tête, passa la main sur son front; et se levant menaçante, courroucée :

— Vois-tu... vois-tu que j'avais raison de me défier de toi et de ne pas vouloir t'écouter... parce que ça tournerait mal pour moi ! Pourquoi m'as-tu parlé ainsi? pour te moquer de moi? pour me tourmenter? Et cela, parce que j'ai été assez bête pour te dire que j'aurais aimé à vivre au fond des bois avec mon homme !... Mais qui es-tu donc?.. Pourquoi me bouleverser ainsi?.. Tu ne sais pas ce que tu as fait, malheureuse! Maintenant, malgré moi, je vais toujours penser à cette forêt, à cette maison, à ces enfants, à tout ce bonheur que je n'aurai jamais... jamais!.. Et si je ne peux pas oublier ce que tu viens de dire, moi, ma vie va donc être un supplice, un enfer... et cela, par ta faute... oui, par ta faute!..

— Tant mieux!.. oh! tant mieux! — dit Fleur-de-Marie.

— Tu dis tant mieux? — s'écria la Louve, les yeux menaçants.

— Oui... tant mieux; car si votre misérable vie d'à présent vous paraît un enfer, vous préférerez celle dont je vous ai parlé.

— Et à quoi bon la préférer, puisqu'elle n'est pas faite pour moi? à quoi bon regretter d'être une fille des rues, puisque je dois mourir fille des rues? — s'écria la Louve de plus en plus irritée, en saisissant dans sa forte main le petit poignet de Fleur-de-Marie. — Réponds... réponds!.. Pourquoi es-tu venue me faire désirer ce que je ne peux pas avoir?

— Désirer une vie honnête et laborieuse, c'est être digne de cette vie, je vous l'ai dit —

reprit Fleur-de-Marie, sans chercher à dégager sa main.

—Eh bien! après, quand j'en serais digne? qu'est-ce que cela prouve? à quoi ça m'avancera-t-il?

— A voir se réaliser ce que vous regardez comme un rêve — dit Fleur-de-Marie d'un ton si sérieux, si convaincu, que la Louve, dominée de nouveau, abandonna la main de la Goualeuse et resta frappée d'étonnement.

—Écoutez-moi, la Louve — reprit Fleur-de-Marie d'une voix pleine de compassion — me croyez-vous assez méchante pour éveiller chez vous ces pensées, ces espérances, si je n'étais pas sûre, en vous faisant rougir de votre condition présente, de vous donner les moyens d'en sortir?

—Vous? vous pourriez cela?

—Moi... non; mais quelqu'un qui est bon, grand, puissant comme Dieu.

—Puissant comme Dieu?..

—Écoutez encore, la Louve... Il y a trois mois, comme vous j'étais une pauvre créature perdue... abandonnée... un jour, celui dont je vous parle avec des larmes de reconnaissance — et Fleur-de-Marie essuya ses yeux — un jour celui-là est venu à moi; il n'a pas craint, tout avilie, toute méprisée que j'étais, de me dire de consolantes paroles... les premières que j'aie entendues !.. Je lui avais raconté mes souffrances, mes misères, ma honte, sans lui rien cacher, ainsi que vous m'avez tout à l'heure raconté votre vie, la Louve... Après m'avoir écoutée avec bonté, il ne m'a pas blâmée, il m'a plainte; il ne m'a pas reproché mon abjection, il m'a vanté la vie calme et pure que l'on menait aux champs.

— Comme vous tout à l'heure...

— Alors, cette abjection m'a paru d'autant plus affreuse que l'avenir qu'il me montrait me semblait plus beau !

— Comme moi, mon Dieu !

— Oui, et ainsi que vous je disais : — A quoi bon, hélas ! me faire entrevoir ce paradis, à moi qui suis condamnée à l'enfer ?.. Mais j'avais tort de désespérer... car celui dont je vous parle est, comme Dieu, souverainement juste, souverainement bon, et incapable de faire luire un faux espoir aux yeux d'une pauvre créature qui ne demandait à personne ni pitié, ni bonheur, ni espérance.

— Et pour vous... qu'a-t-il fait ?

— Il m'a traitée en enfant malade ; j'étais, comme vous, plongée dans un air corrompu, il m'a envoyée respirer un air salubre et vivifiant ; je vivais aussi parmi des êtres hideux et criminels, il m'a confiée à des êtres faits à son image... qui ont épuré mon âme, élevé mon esprit... car, comme Dieu encore, à tous ceux qui l'aiment et le respectent, il donne une étincelle de sa céleste intelligence... Oui, si mes paroles vous émeuvent, la Louve, si mes larmes font couler vos larmes, c'est que son esprit et sa pensée m'inspirent!! si je vous parle de l'avenir plus heureux que vous obtiendriez par le repentir, c'est que je puis vous promettre cet avenir en son nom, quoiqu'il ignore à cette heure l'engagement que je prends ! Enfin, si je vous dis : Espérez!.. c'est qu'il entend toujours la voix de ceux qui veulent devenir meilleurs... car Dieu l'a envoyé sur terre pour faire croire à la Providence...

En parlant ainsi, la physionomie de Fleur-de-Marie devint radieuse, inspirée ; ses joues pâles se colorèrent un moment d'un léger incarnat, ses beaux yeux bleus brillèrent doucement ; elle rayonnait alors d'une beauté si noble, si touchante, que la Louve, déjà profondément émue de cet entretien, contempla sa compagne avec une respectueuse admiration, et s'écria :

— Mon Dieu!... où suis-je? est-ce que je rêve? je n'ai jamais rien entendu, rien vu de pareil.... ça n'est pas possible!... mais qui êtes-vous donc aussi? Oh! je disais bien que vous étiez tout autre que nous!.. Mais alors, vous qui parlez si bien... vous qui pouvez tant, vous qui connaissez des gens si puissants.... comment se fait-il que vous soyez ici... prisonnière avec nous?.. Mais... mais... c'est donc pour nous tenter!!! Vous êtes donc pour le bien... comme le démon pour le mal?

Fleur-de-Marie allait répondre, lorsque madame Armand vint l'interrompre et la chercher pour la conduire auprès de madame d'Harville.

La Louve restait frappée de stupeur ; l'inspectrice lui dit :

— Je vois avec plaisir que la présence de

la Goualeuse dans la prison vous a porté bonheur à vous et à vos compagnes... Je sais que vous avez fait une quête pour cette pauvre Mont-Saint-Jean ; cela est bien... cela est charitable, la Louve. Cela vous sera compté... J'étais bien sûre que vous valiez mieux que vous ne vouliez le paraître... En récompense de votre bonne action, je crois pouvoir vous promettre qu'on fera abréger de beaucoup les jours de prison qui vous restent à subir.

Et madame Armand s'éloigna, suivie de Fleur-de-Marie.

. . . .

L'on ne s'étonnera pas du langage presque éloquent de Fleur-de-Marie en songeant que cette nature, si merveilleusement douée, s'était rapidement développée, grâce à l'éducation et aux enseignements qu'elle avait reçus à la ferme de Bouqueval.

Puis la jeune fille était surtout forte de son *expérience.*

Les sentiments qu'elle avait éveillés dans le cœur de la Louve avaient été éveillés en elle par Rodolphe, lors de circonstances à peu près semblables.

Croyant reconnaître quelques bons instincts chez sa compagne, elle avait tâché de la ramener à l'honnêteté en lui prouvant (selon la théorie de Rodolphe appliquée à la ferme de Bouqueval) qu'il était de son *intérêt* de devenir honnête, et en lui montrant sa réhabilitation sous de riantes et *attrayantes* couleurs...

Et, à ce propos, répétons que l'on procède d'une manière incomplète et, ce nous semble, inintelligente et inefficace, pour inspirer aux classes pauvres et ignorantes l'horreur du mal et l'amour du bien.

Afin de les détourner de la voie mauvaise, incessamment on les menace des vengeances divines et humaines; incessamment on fait bruire à leurs oreilles un cliquetis sinistre : clefs de prison, carcans de fer, chaînes de bagne; et enfin au loin, dans une pénombre effrayante, à l'extrême horizon du crime, on leur montre le coupe-tête du bourreau, étincelant aux lueurs des flammes éternelles...

On le voit, la part de l'intimidation est incessante, formidable, terrible...

A qui fait le mal... captivité, infamie, supplice...

Cela est juste; mais à qui fait le bien, la société décerne-t-elle dons honorables, distinctions glorieuses?

Non.

Par de bienfaisantes rémunérations, la société encourage-t-elle à la résignation, à l'ordre, à la probité, cette masse immense d'artisans voués à tout jamais au travail, aux privations, et presque toujours à une misère profonde?

Non.

En regard de l'échafaud où monte le grand coupable, est-il un pavois où monte le grand homme de bien?

Non.

Étrange, fatal symbole! on représente la justice aveugle, portant d'une main un glaive pour punir, de l'autre des balances où se pèsent l'accusation et la défense.

Ceci n'est pas l'image de la justice.

C'est l'image de la loi, ou plutôt de l'homme qui condamne ou absout selon sa conscience.

La JUSTICE tiendrait d'une main une épée, de l'autre une couronne; l'une pour frapper les méchants, l'autre pour récompenser les bons.

Le peuple verrait alors que, s'il est de terribles châtiments pour le mal, il est d'éclatants triomphes pour le bien; tandis qu'à cette heure, dans son naïf et rude bon sens, il cherche en vain le *pendant* des tribunaux, des geôles, des galères et des échafauds.

Le peuple voit bien une *justice criminelle* (*sic*), composée d'hommes fermes, intègres, éclairés, toujours occupés à rechercher, à découvrir, à punir les scélérats.

Il ne voit pas de *justice vertueuse* (1), com-

---

(1) Quelques jours après avoir écrit ces lignes, nous relisions le *Mémorial de Sainte-Hélène*, ce livre immortel qui nous semble un sublime traité de philosophie pratique; nous avons remarqué ce passage, qui nous avait jusqu'alors échappé :

« Aussi un de mes rêves (*c'est l'Empereur qui parle*), nos grands événements de guerre accomplis et soldés, de retour à l'intérieur, en repos et respirant, eût été de chercher une douzaine de vrais bons philanthropes, de ces braves gens ne vivant que pour le bien, n'existant que pour le pratiquer; je les eusse disséminés dans l'empire, qu'ils eussent parcouru en secret pour me rendre compte à moi-même; ils eussent été les ESPIONS DE LA VERTU; ils seraient venus me trouver directement; ils eussent été mes confesseurs, mes directeurs spirituels, et mes décisions avec eux eussent été mes bonnes œuvres secrètes. Ma grande occupation, lors de mon entier repos, eût été, du sommet de ma puis-

posée d'hommes fermes, intègres, éclairés, toujours occupés à rechercher, à récompenser les gens de bien.

Tout lui dit : Tremble!..

Rien ne lui dit : Espère!..

Tout le menace...

Rien ne le console.

L'État dépense annuellement beaucoup de millions pour la stérile punition des crimes. Avec cette somme énorme, il entretient prisonniers et geôliers, galériens et argousins, échafauds et bourreaux.

Cela est nécessaire, soit.

Mais combien dépense l'État pour la rémunération si salutaire, si féconde, des gens de bien?

Rien...

Et ce n'est pas tout.

Ainsi que nous le démontrerons lorsque le cours de ce récit nous conduira aux prisons d'hommes, combien d'artisans d'une irréprochable probité seraient au comble de

sance, de m'occuper à fond d'améliorer la condition de toute la société ; j'eusse prétendu descendre jusqu'aux *jouissances individuelles.* » (*Mémorial,* t. v, p. 100, édition de 1824.)

leurs vœux s'ils étaient certains de jouir un jour de la condition matérielle des prisonniers, toujours assurés d'une bonne nourriture, d'un bon lit, d'un bon gîte !

Et pourtant, au nom de leur dignité d'honnêtes gens rudement et longuement éprouvée, n'ont-ils pas le droit de prétendre à jouir du même bien-être que les scélérats, ceux-là qui, comme Morel le lapidaire, auraient pendant vingt ans vécu laborieux, probes, résignés, au milieu de la misère et des tentations?

Ceux-là ne méritent-ils pas assez de la société pour qu'elle se donne la peine de les chercher et, sinon de les récompenser, à la glorification de l'humanité, du moins de les soutenir dans la voie pénible et difficile qu'ils parcourent vaillamment?

Le grand homme de bien, si modeste qu'il soit, se cache-t-il donc plus obscurément que le voleur ou l'assassin?.. et ceux-ci ne sont-ils pas toujours découverts par la justice criminelle?

Hélas! c'est une utopie, mais elle n'a rien que de consolant.

Supposez, par la pensée, une société organisée de telle sorte qu'elle ait pour ainsi dire les *assises de la vertu*, comme elle a les *assises du crime;*

Un ministère public signalant les nobles actions, les dénonçant à la reconnaissance de tous, comme on dénonce aujourd'hui les crimes à la vindicte des lois.

Voici deux exemples, deux *justices* : que l'on dise quelle est la plus féconde en enseignements, en conséquences, en résultats positifs :

Un homme a tué un autre homme pour le voler ;

Au point du jour on dresse sournoisement la guillotine dans un coin reculé de Paris, et on coupe le cou de l'assassin, devant la lie de la populace, qui rit du juge, du patient et du bourreau.

Voilà le dernier mot de la société.

Voilà le plus grand crime que l'on puisse commettre contre elle, voilà le plus grand châtiment... voilà l'enseignement le plus terrible, le plus salutaire qu'elle puisse donner au peuple...

Le seul... car rien ne sert de contre-poids à ce billot dégouttant de sang.

Non... la société n'a aucun spectacle doux et bienfaisant à opposer à ce spectacle funèbre.

Continuons notre utopie...

N'en serait-il pas autrement, si presque chaque jour le peuple avait sous les yeux l'exemple de quelques grandes vertus hautement glorifiées et MATÉRIELLEMENT rémunérées par l'ÉTAT?

Ne serait-il pas sans cesse encouragé au bien, s'il voyait souvent un tribunal auguste, imposant, vénéré, évoquer devant lui, aux yeux d'une foule immense, un pauvre et honnête artisan, dont on raconterait la longue vie probe, intelligente et laborieuse, et auquel on dirait :

« Pendant vingt ans vous avez plus qu'aucun autre travaillé, souffert, courageusement lutté contre l'infortune; votre famille a été élevée par vous dans des principes de droiture et d'honneur... vos vertus supérieures vous ont hautement distingué : soyez glorifié et récompensé... Vigilante, juste et toute-puissante, la société ne laisse jamais dans l'oubli ni le mal ni le bien... A chacun elle paye selon ses œuvres... l'État vous assure une pension suffisante à vos besoins. Environné de la considération publique, vous terminerez dans le repos et dans l'aisance une vie qui doit servir d'enseignement à tous... et ainsi sont et seront toujours exaltés ceux qui, comme vous, auront justifié, pendant beaucoup d'années, d'une admirable persévérance dans le bien... et fait preuve de rares et grandes qualités morales... Votre exemple encouragera le plus grand nombre à vous imiter... l'espérance allégera le pénible fardeau que le sort leur impose durant une longue carrière. Animés d'une salutaire émulation, ils lutteront d'énergie dans l'accomplissement des devoirs les plus difficiles, afin d'être un jour distingués entre tous et rémunérés comme vous... »

Nous le demandons : lequel de ces deux spectacles, du meurtrier égorgé, du grand homme de bien récompensé, réagira sur le peuple d'une façon plus salutaire, plus féconde ?

Sans doute beaucoup d'esprits *délicats* s'indigneront à la seule pensée de ces ignobles *rémunérations matérielles* accordées à ce qu'il y a au monde de plus éthéré : LA VERTU !

Ils trouveront contre ces tendances toutes sortes de raisons plus ou moins philosophiques, platoniques, théologiques, mais surtout *économiques*, telles que celles-ci :

« Le bien porte en soi sa récompense...

» La vertu est une chose sans prix...

» La satisfaction de la conscience est la plus noble des récompenses. »

Et enfin cette objection triomphante et sans réplique :

« LE BONHEUR ÉTERNEL QUI ATTEND LES JUSTES DANS L'AUTRE VIE DOIT UNIQUEMENT SUFFIRE POUR LES ENCOURAGER AU BIEN. »

A cela nous répondrons que la société, pour intimider et punir les coupables, ne nous paraît pas exclusivement se reposer sur la vengeance divine qui les atteindra certainement dans l'autre vie.

La société prélude au jugement dernier par des jugements humains...

En attendant l'heure inexorable des archanges aux armures d'hyacinthe, aux trompettes retentissantes et aux glaives de flamme, elle se contente modestement... de gendarmes.

Nous le répétons :

Pour terrifier les méchants, on matérialise, ou plutôt on réduit à des proportions humaines, perceptibles, visibles, les effets anticipés du courroux céleste...

Pourquoi n'en serait-il pas de même des effets de la rémunération divine à l'égard des gens de bien ?

. . . .

Mais oublions ces utopies, folles, absurdes, stupides, impraticables, comme de véritables utopies qu'elles sont.

La société est si bien comme elle est !!! Interrogez plutôt tous ceux qui, la jambe avinée, l'œil incertain, le rire bruyant, sortent d'un joyeux banquet !!

CHAPITRE XI.

LA PROTECTRICE.

L'inspectrice entra bientôt avec la Goualeuse dans le petit salon où se trouvait Clémence; la pâleur de la jeune fille s'était légèrement colorée en suite de son entretien avec la Louve.

— Madame la marquise, touchée des excellents renseignements que je lui ai donnés sur vous — dit madame Armand à Fleur-de-Marie — désire vous voir, et daignera peut-être vous faire sortir d'ici avant l'expiration de votre peine.

— Je vous remercie, madame — répondit timidement Fleur-de-Marie à madame Armand, qui la laissa seule avec la marquise.

Celle-ci, frappée de l'expression candide des

traits de sa protégée, de son maintien rempli de grâce et de modestie, ne put s'empêcher de se souvenir que la Goualeuse avait, en dormant, prononcé le nom de *Rodolphe*, et que l'inspectrice croyait la pauvre prisonnière en proie à un amour profond et caché.

Quoique parfaitement convaincue qu'il ne pouvait être question du grand-duc Rodolphe, Clémence reconnaissait que du moins, quant à la beauté, la Goualeuse était digne de l'amour d'un prince...

A l'aspect de sa protectrice, dont la physionomie, nous l'avons dit, respirait une bonté charmante, Fleur-de-Marie se sentit sympathiquement attirée vers elle.

— Mon enfant — lui dit Clémence — en louant beaucoup la douceur de votre caractère et la sagesse exemplaire de votre conduite, madame Armand se plaint de votre peu de confiance envers elle.

Fleur-de-Marie baissa la tête sans répondre.

— Les habits de paysanne dont vous étiez vêtue lorsqu'on vous a arrêtée, votre silence au sujet de l'endroit où vous demeuriez avant d'être amenée ici, prouvent que vous nous cachez certaines circonstances...

— Madame...

— Je n'ai aucun droit à votre confiance, ma pauvre enfant, je ne voudrais pas vous faire de question importune; seulement on m'assure que si je demandais votre sortie de prison, cette grâce pourrait m'être accordée. Avant d'agir, je désirerais causer avec vous de vos projets, de vos ressources pour l'avenir. Une fois libérée... que ferez-vous? Si, comme je n'en doute pas, vous êtes décidée à suivre la bonne voie où vous êtes entrée, ayez confiance en moi, je vous mettrai à même de gagner honorablement votre vie...

La Goualeuse fut émue jusqu'aux larmes de l'intérêt que lui témoignait madame d'Harville.

Après un moment d'hésitation, elle lui dit :

— Vous daignez, madame, vous montrer pour moi si bienveillante, si généreuse, que je dois peut-être rompre le silence que j'ai gardé jusqu'ici sur le passé... un serment m'y forçait.

— Un serment?

— Oui, madame, j'ai juré de taire à la justice et aux personnes employées dans cette prison par suite de quels événements j'ai été conduite ici; pourtant... si vous vouliez, madame, me faire une promesse...

— Laquelle?

— Celle de me garder le secret, je pourrais, grâce à vous, madame, sans manquer pourtant à mon serment, rassurer des personnes respectables qui, sans doute, sont bien inquiètes de moi.

— Comptez sur ma discrétion; je ne dirai que ce que vous m'autoriserez à dire.

— Oh! merci, madame, je craignais tant que mon silence envers mes bienfaiteurs ne ressemblât à de l'ingratitude!...

Le doux accent de Fleur-de-Marie, son langage presque choisi, frappèrent madame d'Harville d'un nouvel étonnement.

— Je ne vous cache pas — lui dit-elle — que votre maintien, vos paroles, tout m'étonne au dernier point. Comment, avec une éducation qui paraît distinguée, avez-vous pu.....

— Tomber si bas? n'est-ce pas, madame — dit la Goualeuse avec amertume. — C'est qu'hélas! cette éducation, il y a bien peu de temps que je l'ai reçue. Je dois ce bienfait à un protecteur généreux, qui, comme vous, madame... sans me connaître... sans même avoir les favorables renseignements qu'on vous a donnés sur moi, m'a prise en pitié...

— Et ce protecteur... quel est-il?

— Je l'ignore, madame...

— Vous l'ignorez?

— Il ne se fait connaître, dit-on, que par son inépuisable bonté; grâce au ciel, je me suis trouvée sur son passage.

— Et où l'avez-vous rencontré?

— Une nuit... dans la Cité, madame — dit la Goualeuse en baissant les yeux — un homme voulait me battre, ce bienfaiteur inconnu m'a courageusement défendue; telle a été ma première rencontre avec lui.

— C'était donc un homme... du peuple?

— La première fois que je l'ai vu, il en avait le costume et le langage... mais plus tard...

— Plus tard?

— La manière dont il m'a parlé, le profond respect dont l'entouraient les personnes auxquelles il m'a confiée, tout m'a prouvé qu'il avait pris par déguisement l'extérieur d'un de ces hommes qui fréquentent la Cité...

— Mais dans quel but?

— Je ne sais...

— Et le nom de ce protecteur mystérieux, le connaissez-vous?

— Oh! oui, madame — dit la Goualeuse avec exaltation. — Dieu merci! car je puis sans cesse bénir, adorer ce nom... Mon sauveur s'appelle M. Rodolphe, madame...

Clémence devint pourpre.

— Et n'a-t-il pas d'autre nom?... — demanda-t-elle vivement à Fleur-de-Marie.

— Je l'ignore, madame... Dans la ferme où il m'avait envoyée, on ne le connaissait que sous le nom de M. Rodolphe.

— Et son âge?

— Il est jeune encore, madame...

— Et beau?

— Oh! oui... beau, noble... comme son cœur...

L'accent reconnaissant, passionné de Fleur-de-Marie, en prononçant ces mots, causa une impression douloureuse à madame d'Harville.

Un invincible, un inexplicable pressentiment lui disait qu'il s'agissait du prince.

Les remarques de l'inspectrice étaient fondées, pensait Clémence... La Goualeuse aimait Rodolphe... c'était son nom qu'elle avait prononcé pendant son sommeil...

Dans quelles circonstances étranges le prince et cette malheureuse s'étaient-ils rencontrés?

Pourquoi Rodolphe était-il allé déguisé dans la Cité?

La marquise ne put résoudre ces questions.

Seulement elle se souvint de ce que Sarah lui avait autrefois méchamment et faussement raconté des prétendues excentricités de Rodolphe, de ses amours étranges... N'était-il pas, en effet, bizarre qu'il eût retiré de la fange cette créature d'une ravissante beauté, d'une intelligence peu commune?...

Clémence avait de nobles qualités, mais elle était femme, et elle aimait profondément Rodolphe, quoiqu'elle fût décidée à ensevelir ce secret au plus profond de son cœur...

Sans réfléchir qu'il ne s'agissait sans doute que d'une de ces actions généreuses que le prince était accoutumé de faire dans l'ombre; sans réfléchir qu'elle confondait peut-être avec l'amour un sentiment de gratitude exalté; sans réfléchir enfin que, ce sentiment eût-il été plus tendre, Rodolphe pouvait l'ignorer, la marquise, dans un premier moment d'amertume et d'injustice, ne put s'empêcher de regarder la Goualeuse comme sa rivale.

Son orgueil se révolta en reconnaissant qu'elle rougissait, qu'elle souffrait malgré elle d'une rivalité si abjecte.

Elle reprit donc, d'un ton sec, qui contrastait cruellement avec l'affectueuse bienveillance de ses premières paroles :

— Et comment se fait-il, mademoiselle, que votre protecteur vous laisse en prison? Comment vous trouvez-vous ici?

— Mon Dieu! madame — dit timidement Fleur-de-Marie, frappée de ce brusque changement de langage — vous ai-je déplu en quelque chose?...

— Et en quoi pouvez-vous m'avoir déplu?

— demanda madame d'Harville avec hauteur.

— C'est qu'il me semble... que tout à l'heure... vous me parliez avec plus de bonté, madame...

— En vérité, mademoiselle, ne faut-il pas que je pèse chacune de mes paroles?... Puisque je consens à m'intéresser à vous... j'ai le droit, je pense, de vous adresser certaines questions...

A peine ces mots étaient-ils prononcés, que Clémence, pour plusieurs raisons, en regretta la dureté.

D'abord par un louable retour de générosité, puis parce qu'elle songea qu'en brusquant *sa rivale* elle n'en apprendrait rien de ce qu'elle désirait savoir.

En effet, la physionomie de la Goualeuse, un moment ouverte et confiante, devint tout à coup craintive.

De même que la sensitive, à la première atteinte, referme ses feuilles délicates et se replie sur elle-même... le cœur de Fleur-de-Marie se serra douloureusement.

Clémence reprit doucement, pour ne pas

éveiller les soupçons de sa protégée par un revirement trop subit :

— En vérité, je vous le répète, je ne puis comprendre qu'ayant autant à vous louer de votre bienfaiteur, vous soyez ici prisonnière ;... comment, après être sincèrement revenue au bien, avez-vous pu vous faire arrêter la nuit dans une promenade qui vous était interdite ?... Tout cela, je vous l'avoue, me semble extraordinaire... Vous parlez d'un serment qui vous a jusqu'ici imposé le silence... mais ce serment même est si étrange !...

— J'ai dit la vérité, madame...

— J'en suis certaine... il n'y a qu'à vous voir, qu'à vous entendre pour vous croire incapable de mentir ; mais ce qu'il y a d'incompréhensible dans votre situation augmente, irrite encore mon impatiente curiosité ; c'est seulement à cela que vous devez attribuer la vivacité de mes paroles de tout à l'heure. Allons... je l'avoue... j'ai eu tort ; car, bien que je n'aie d'autre droit à vos confidences que mon vif désir de vous être utile, vous m'avez offert de me dire ce que vous n'avez dit à personne, et je suis très-touchée, croyez-moi, pauvre enfant, de cette preuve de votre foi dans l'intérêt que je vous porte... Aussi je vous le promets, en gardant scrupuleusement votre secret, si vous me le confiez... je ferai mon possible pour arriver au but que vous vous proposez.

Grâce à ce *replâtrage* assez habile (qu'on nous passe cette trivialité), madame d'Harville regagna la confiance de la Goualeuse, un moment effarouchée.

Fleur-de-Marie, dans sa candeur, se reprocha même d'avoir mal interprété les mots qui l'avaient blessée.

— Pardonnez-moi, madame — dit-elle à Clémence — j'ai sans doute eu tort de ne pas vous dire tout de suite ce que vous désiriez savoir : mais vous m'avez demandé le nom de mon sauveur... malgré moi je n'ai pu résister au bonheur de parler de lui...

— Rien de mieux... cela prouve combien vous lui êtes reconnaissante... Mais par quelle circonstance avez-vous quitté les honnêtes gens chez lesquels il vous avait placée sans doute? Est-ce à cet événement que se rapporte le serment dont vous m'avez parlé?

— Oui, madame ; mais, grâce à vous, je crois maintenant pouvoir, tout en restant fidèle à ma parole, rassurer mes bienfaiteurs sur ma disparition...

— Voyons, ma pauvre enfant, je vous écoute.

— Il y a trois mois environ, M. Rodolphe m'avait placée dans une ferme située à quatre ou cinq lieues d'ici...

— Il vous y avait conduite... lui-même?

— Oui, madame... il m'avait confiée à une dame aussi bonne que vénérable... que j'aimai bientôt comme ma mère... Elle et le curé du village, à la recommandation de M. Rodolphe, s'occupèrent de mon éducation...

— Et monsieur... Rodolphe venait-il souvent à la ferme?

— Non, madame... il y est venu trois fois pendant le temps que j'y suis restée.

Clémence ne put cacher un tressaillement de joie.

— Et quand il venait vous voir, cela vous rendait bien heureuse..., n'est-ce pas?

— Oh! oui, madame!... c'était pour moi plus que du bonheur... c'était un sentiment mêlé de reconnaissance, de respect, d'admiration et même d'un peu de crainte...

— De la crainte?

— De lui à moi... de lui aux autres... la distance est si grande!...

— Mais... quel est donc son rang?

— J'ignore s'il a un rang, madame.

— Pourtant, vous parlez de la distance qui existe entre lui... et les autres...

— Oh! madame... ce qui le met au-dessus de tout le monde, c'est l'élévation de son caractère... c'est son inépuisable générosité pour ceux qui souffrent... c'est l'enthousiasme qu'il inspire à tous... Les méchants même ne peuvent entendre son nom sans trembler... ils le respectent autant qu'ils le redoutent... Mais, pardon, madame, de parler encore de lui... je dois me taire... je vous donnerais une idée incomplète de celui que l'on doit se borner à adorer en silence... Autant vouloir exprimer par des paroles la grandeur de Dieu!

— Cette comparaison...

— Est peut-être sacrilége, madame... Mais est-ce offenser Dieu que de lui comparer celui qui m'a donné la conscience du bien et du mal, celui qui m'a retirée de l'abîme... celui enfin à qui je dois une vie nouvelle?

— Je ne vous blâme pas, mon enfant; je comprends toutes les nobles exagérations. Mais comment avez-vous abandonné cette ferme où vous deviez vous trouver si heureuse!

— Hélas!... cela n'a pas été volontairement, madame!

— Qui vous y a donc forcée?

— Un soir, il y a quelques jours — dit Fleur-de-Marie, tremblant encore à ce récit — je me rendais au presbytère du village, lorsqu'une méchante femme, qui m'avait tourmentée pendant mon enfance... et un homme, son complice... qui était embusqué avec elle dans un chemin creux, se jetèrent sur moi, et, après m'avoir bâillonnée, m'emportèrent dans un fiacre.

— Et... dans quel but?

— Je ne sais pas, madame. Mes ravisseurs obéissaient, je crois, à des personnes puissantes.

— Quelles furent les suites de cet enlèvement?

— A peine le fiacre était-il en marche, que la méchante femme, qui s'appelle la *Chouette*, s'écria : — « J'ai là du vitriol, je vais en frotter le visage de la Goualeuse pour la défigurer. »

— Quelle horreur!.... malheureuse enfant!... Et qui vous a sauvée de ce danger?

— Le complice de cette femme... un aveugle, nommé le *Maître d'école.*

— Il a pris votre défense?

— Oui, madame, dans cette occasion, et dans une autre encore. Cette fois une lutte s'engagea entre lui et la Chouette... Usant de sa force, le Maître d'école la força de jeter par la portière la bouteille qui contenait le vitriol. Tel est le premier service qu'il m'ait rendu, après avoir pourtant aidé à mon enlèvement... La nuit était profonde... Au bout d'une heure et demie, la voiture s'arrêta, je crois, sur la grande route qui traverse la plaine Saint-Denis ; un homme à cheval attendait à cet endroit... — « Eh bien! — dit-il — la tenez-vous enfin? — Oui, nous la tenons! — répondit la Chouette, qui était furieuse de ce qu'on l'avait empêchée de me défigurer. — Si vous voulez vous débarrasser de cette petite, il y a un bon moyen, je vais l'étendre par terre, sur la route, je lui ferai passer les roues de la voiture sur la tête... elle aura l'air d'avoir été écrasée par accident. »

— Mais c'est épouvantable!

— Hélas! madame, la Chouette était bien capable de faire ce qu'elle disait. Heureusement l'homme à cheval lui répondit qu'il ne voulait pas qu'on me fît du mal, qu'il fallait seulement me tenir pendant deux mois enfermée dans un endroit d'où je ne pourrais ni sortir, ni écrire à personne. Alors la Chouette proposa de me mener chez un homme appelé *Bras-Rouge*, maître d'une taverne située aux Champs-Élysées. Dans cette taverne il y avait plusieurs chambres souterraines; l'une d'elles pourrait, disait la Chouette, me servir de prison. L'homme à cheval accepta cette proposition; puis il me promit qu'après être restée deux mois chez Bras-Rouge, on m'assurerait un sort qui m'empêcherait de regretter la ferme de Bouqueval.

— Quel mystère étrange!...

— Cet homme donna de l'argent à la Chouette, lui en promit encore lorsqu'on me retirerait de chez *Bras-Rouge*, et partit au galop de son cheval. Notre fiacre continua sa route vers Paris. Peu de temps avant d'arriver à la barrière, le Maître d'école dit à la Chouette : « Tu veux enfermer la Goualeuse dans une des caves de Bras-Rouge; tu sais bien qu'étant près de la rivière, ces caves sont dans l'hiver toujours submergées!... Tu veux donc la noyer? — Oui — répondit la Chouette.

— Mais, mon Dieu! qu'aviez-vous donc fait à cette horrible femme?

— Rien, madame, et depuis mon enfance elle s'est toujours ainsi acharnée sur moi... Le Maître d'école lui répondit : — « Je ne veux pas qu'on noie la Goualeuse; elle n'ira pas chez Bras-Rouge. » — La Chouette était aussi étonnée que moi, madame, d'entendre cet homme me défendre ainsi. Elle se mit alors dans une colère horrible et jura qu'elle me conduirait chez Bras-Rouge malgré le Maître d'école. — « Je t'en défie — dit celui-ci — car je tiens la Goualeuse par le bras, je ne la lâcherai pas, et je t'étranglerai si tu t'approches d'elle. » — « Mais que veux-tu donc en faire alors? — s'écria la Chouette — puisqu'il faut qu'elle disparaisse pendant deux mois sans qu'on sache où elle est? »—« Il y a un moyen — dit le Maître d'école ; — nous allons aller aux Champs-Élysées, nous ferons stationner le fiacre à quelque distance d'un corps-de-garde ; tu iras chercher Bras-Rouge à sa taverne, il est minuit, tu le trouveras ; tu le ramèneras, il prendra la Goualeuse et il la conduira au poste, en déclarant que c'est une fille de la Cité qu'il a trouvée rôdant autour de son cabaret. Comme les filles sont condamnées à trois mois de prison quand on les surprend aux Champs-Élysées, et que la Goualeuse est encore inscrite à la police, on l'arrêtera, on la mettra à Saint-Lazare, où elle sera aussi bien gardée et cachée que dans la cave de Bras-Rouge. » — « Mais — reprit la Chouette — la Goualeuse ne se laissera pas arrêter. Une fois au corps-de-garde, elle dira que nous l'avons enlevée, elle nous dénoncera. En supposant même qu'on l'emprisonne, elle écrira à ses protecteurs, tout sera découvert. » — « Non, elle ira en prison de bonne volonté — reprit le Maître-d'école — et elle va jurer de ne nous dénoncer à personne tant qu'elle restera à Saint-

Lazare, ni ensuite non plus ; elle me doit cela, car je l'ai empêchée d'être défigurée par toi, la Chouette, et noyée chez Bras-Rouge ; mais si, après avoir juré de ne pas parler, elle avait le malheur de le faire, nous mettrions la ferme de Bouqueval à feu et à sang. » Puis, s'adressant à moi, le Maître-d'école ajouta : « Décide-toi ; fais le serment que je te demande, tu en seras quitte pour aller deux mois en prison ; sinon je t'abandonne à la Chouette, qui te mènera dans la cave de Bras-Rouge, où tu seras noyée. Voyons, décide-toi... Je sais que si tu fais le serment, tu le tiendras. »

— Et vous avez juré ?

— Hélas ! oui, madame, tant je craignais d'être défigurée par la Chouette ou d'être noyée par elle dans une cave... cela me paraissait affreux... Une autre mort m'eût paru moins effrayante ; je n'aurais peut-être pas cherché à y échapper.

— Quelle idée sinistre, à votre âge !.. — dit madame d'Harville en regardant la Goualeuse avec surprise. — Une fois sortie d'ici, remise aux mains de vos bienfaiteurs, ne serez-vous pas bien heureuse? Votre repentir n'aura-t-il pas effacé le passé?

— Est-ce que le passé s'efface? Est-ce que le passé s'oublie? Est-ce que le repentir tue la mémoire, madame? — s'écria Fleur-de-Marie d'un ton si désespéré que Clémence tressaillit.

— Mais toutes les fautes se rachètent, malheureuse enfant!

— Et le souvenir de la souillure... madame, ne devient-il pas de plus en plus terrible, à mesure que l'âme s'épure, à mesure que l'esprit s'élève? Hélas! plus vous montez, plus l'abîme dont vous sortez vous paraît profond.

— Ainsi, vous renoncez à tout espoir de réhabilitation, de pardon?

— De la part des autres... non, madame; vos bontés prouvent que l'indulgence ne manque jamais aux remords.

— Vous serez donc la seule impitoyable envers vous?

— Les autres pourront ignorer, pardonner, oublier ce que j'ai été... Moi, madame, je ne pourrai jamais l'oublier...

— Et quelquefois vous désirez mourir?

— Quelquefois ! — dit la Goualeuse en souriant avec amertume. Puis elle reprit, après un moment de silence : — Quelquefois... oui, madame.

— Pourtant, vous craigniez d'être défigurée par cette horrible femme, vous teniez donc à votre beauté, pauvre petite? Cela annonce que la vie a encore quelque attrait pour vous. Courage donc, courage!..

— C'est peut-être une faiblesse de penser cela; mais si j'étais belle, comme vous le dites, madame, je voudrais mourir belle, en prononçant le nom de mon bienfaiteur...

Les yeux de madame d'Harville se remplirent de larmes.

Fleur-de-Marie avait dit ces derniers mots si simplement ; ses traits angéliques, pâles, abattus, son douloureux sourire, étaient tellement d'accord avec ses paroles, qu'on ne pouvait douter de la réalité de son funeste désir.

Madame d'Harville était douée de trop de délicatesse pour ne pas sentir ce qu'il y avait d'inexorable, de fatal dans cette pensée de la Goualeuse :

Je n'oublierai jamais ce que j'ai été...

Idée fixe, incessante, qui devait dominer, torturer la vie de Fleur-de-Marie.

Clémence, honteuse d'avoir un instant méconnu la générosité toujours si désintéressée du prince, regrettait aussi de s'être laissé entraîner à un mouvement de jalousie absurde contre la Goualeuse, qui exprimait avec une naïve exaltation sa reconnaissance envers son protecteur.

Chose étrange, l'admiration que cette pauvre prisonnière ressentait si vivement pour Rodolphe augmentait peut-être encore l'amour profond que Clémence devait toujours lui cacher.

Elle reprit, pour fuir ces pensées :

— J'espère qu'à l'avenir vous serez moins sévère pour vous-même. Mais parlons de votre serment : maintenant je m'explique votre silence... Vous n'avez pas voulu dénoncer ces misérables?

— Quoique le Maître d'école eût pris part à mon enlèvement, il m'avait deux fois défendue... j'aurais craint d'être ingrate envers lui.

— Et vous vous êtes prêtée aux desseins de ces monstres ?

— Oui, madame... j'étais si effrayée ! La Chouette alla chercher Bras-Rouge ; il me conduisit au corps-de-garde, disant qu'il m'avait trouvée rôdant autour de son cabaret ; je ne l'ai pas nié, on m'a arrêtée, et l'on m'a conduite ici.

— Mais vos amis de la ferme doivent être en proie à une inquiétude mortelle ?

— Hélas ! madame, dans mon premier mouvement d'épouvante, je n'avais pas réfléchi que mon serment m'empêcherait de les rassurer... Maintenant cela me désole... mais je crois, n'est-ce pas ? que, sans manquer à ma parole, je puis vous prier d'écrire à madame Georges, à la ferme de Bouqueval, de n'avoir aucune inquiétude à mon égard, sans lui apprendre pourtant où je suis, car j'ai promis de le taire...

— Mon enfant, ces précautions deviendront inutiles si à ma recommandation on vous fait grâce. Demain vous retournerez à la ferme, sans avoir trahi pour cela votre serment ; plus tard vous consulterez vos bienfaiteurs pour savoir jusqu'à quel point vous engage cette promesse arrachée par la menace.

— Vous croyez, madame... que, grâce à vos bontés... je puis espérer de sortir bientôt d'ici?

— Vous méritez tant d'intérêt, que je réussirai, j'en suis sûre ; et je ne doute pas qu'après-demain vous ne puissiez aller vous-même rassurer vos bienfaiteurs...

— Mon Dieu, madame, comment ai-je pu mériter tant de bontés de votre part? comment les reconnaître?..

— En continuant de vous conduire comme vous faites... Je regrette seulement de ne pouvoir rien faire pour votre avenir, c'est un bonheur que vos amis se sont réservé...

Madame Armand entra tout à coup d'un air consterné.

— Madame la marquise — dit-elle à Clémence avec hésitation — je suis désolée du message que j'ai à remplir auprès de vous.

— Que voulez-vous dire, madame?..

— M. le duc de Lucenay est en bas... il vient de chez vous, madame.

— Mon Dieu, vous m'effrayez, qu'y a-t-il?..

— Je l'ignore, madame ; mais M. de Lucenay est chargé pour vous, dit-il, d'une nouvelle... aussi triste qu'imprévue... Il a appris chez madame la duchesse, sa femme, que vous étiez ici, et il est venu en toute hâte...

— Une triste nouvelle!.. — se dit madame d'Harville. Puis tout à coup elle s'écria avec un accent déchirant : — Ma fille... ma fille... peut-être !.. Oh! parlez, madame !..

— J'ignore, madame...

— Oh! de grâce, de grâce, madame, conduisez-moi auprès de M. de Lucenay ! — s'écria madame d'Harville en sortant, tout éperdue, suivie de madame Armand.

— Pauvre mère ! — dit tristement la Goualeuse en suivant Clémence du regard. — Oh! non... c'est impossible ! au moment même où elle vient de se montrer si bienveillante pour moi, un tel coup la frapper! Non, non, encore une fois, c'est impossible.

. . . .
. . . .

CHAPITRE XII.

UNE INTIMITÉ FORCÉE.

Nous conduirons le lecteur dans la maison de la rue du Temple, le jour du suicide de M. d'Harville, vers les trois heures du soir.

M. Pipelet, seul dans la loge, travailleur consciencieux et infatigable, s'occupait de restaurer la *botte* qui lui était plus d'une fois *tombée des mains* lors de la dernière et audacieuse incartade de Cabrion.

La physionomie du chaste portier était abattue et beaucoup plus mélancolique que de coutume.

Ainsi qu'un soldat, dans l'humiliation de sa défaite, passe tristement la main sur la cicatrice de ses blessures, souvent M. Pipelet poussait un profond soupir, s'interrompait de travailler, et promenait un doigt tremblant sur la cassure transversale dont son vénérable chapeau tromblon avait été sillonné par la main insolente de Cabrion.

Alors tous les chagrins, toutes les inquiétudes, toutes les craintes d'Alfred se réveillaient en songeant aux inconcevables et incessantes poursuites du *rapin*.

M. Pipelet n'avait pas un esprit très-étendu, très-élevé ; son imagination n'était pas des plus vives ni des plus poétiques, mais il possédait un sens très-droit, très-solide et très-logique.

Malheureusement, par une conséquence naturelle de la rectitude de son jugement, ne pouvant comprendre l'excentrique et folle portée de ce qu'en langage d'atelier on appelle *une charge*, M. Pipelet s'efforçait de trouver des motifs raisonnables, possibles, à la conduite exorbitante de Cabrion, et il se posait à ce sujet une foule de questions insolubles.

Aussi quelquefois, nouveau Pascal, se sentait-il saisi de vertige à force de sonder l'abîme sans fond que le génie infernal du peintre avait creusé sous ses pas.

Que de fois, blessé dans ses épanchements, il avait été forcé de se replier sur lui-même, grâce au pyrrhonisme effréné de madame Pipelet, qui, ne s'arrêtant qu'aux faits et dédaignant d'approfondir les causes, considérait grossièrement la conduite incompréhensible de Cabrion à l'égard d'Alfred comme une simple *farce*.

M. Pipelet, homme sérieux et grave, ne pouvait admettre une telle interprétation; il gémissait de l'aveuglement de sa femme; sa dignité d'homme se révoltait à cette pensée, qu'il pouvait être le jouet d'une combinaison aussi vulgaire : *une farce!*... Il était absolument convaincu que la conduite inouïe de Cabrion cachait quelque complot ténébreux dissimulé sous une frivole apparence.

Nous l'avons dit, c'est à résoudre ce funeste problème que l'homme au chapeau tromblon épuisait incessamment sa puissante dialectique.

— Je porterais plutôt ma tête sur l'échafaud — disait cet homme austère, qui, dès qu'il les touchait, agrandissait immensément les questions — je porterais ma tête sur l'échafaud plutôt que d'admettre que, dans l'unique intention de faire une plaisanterie stupide, Cabrion s'acharne si opiniâtrément contre moi; on ne fait *une farce* que pour la galerie. Or, dans sa dernière entreprise, cette créature malfaisante n'avait aucun témoin; il a agi seul, et dans l'ombre, comme toujours; il s'est clandestinement introduit dans la solitude de ma loge pour déposer sur mon front indigné son hideux baiser. Et cela! je le demanderai à toute personne désintéressée: dans quel but? ce n'était pas par bravade... personne ne le voyait; ce n'était pas par plaisir... les lois de la nature s'y opposent; ce n'était pas par amitié... je n'ai qu'un ennemi au monde, c'est lui. Il faut donc reconnaître qu'il y a là un mystère que ma raison ne peut pénétrer! Alors, où tend ce plan diabolique, concerté de longue main et poursuivi avec une persistance qui m'épouvante? Voilà ce que je ne puis comprendre : c'est l'impossibilité où je suis de soulever ce voile qui peu à peu me mine et me consume!

UNE INTIMITÉ FORCÉE.

Telles étaient les réflexions pénibles de M. Pipelet au moment où nous le présentons au lecteur.

L'honnête portier venait même de raviver ses plaies toujours saignantes en portant mélancoliquement la main à la cassure de son chapeau, lorsqu'une voix perçante, partant d'un des étages supérieurs de la maison, fit retentir ces mots dans la cage sonore de l'escalier.

— Vite, vite, monsieur Pipelet, montez... dépêchez-vous !

— Je ne connais pas cet organe — dit Alfred après un moment d'audition réfléchie, et il laissa tomber sur ses genoux son avant-bras *chaussé* de la botte qu'il réparait.

— Monsieur Pipelet, dépêchez-vous donc ! — répéta la voix, d'un ton pressant.

— Cet organe m'est complétement étranger. Il est mâle, il m'appelle, lui... voilà ce que je puis affirmer... Ça n'est pas une raison suffisante pour que j'abandonne ma loge... La laisser seule... la déserter en l'absence de mon épouse... jamais ! — s'écria héroïquement Alfred — jamais !!

— Monsieur Pipelet — reprit la voix — montez donc vite... madame Pipelet se trouve mal!...

— Anastasie!... — s'écria Alfred en se levant de son siége; puis il retomba, en se disant à lui même : — Enfant que je suis... c'est impossible, mon épouse est sortie il y a une heure! Oui, mais ne peut-elle pas être rentrée sans que je l'aie aperçue ? Ceci serait peu régulier; mais je dois déclarer que cela peut être.

— Monsieur Pipelet, montez donc, j'ai votre femme entre les bras!

— On a mon épouse entre les bras!... — dit M. Pipelet en se levant brusquement.

— Je ne puis pas délacer madame Pipelet tout seul ! — ajouta la voix.

Ces mots firent un effet magique sur Alfred ; il devint pourpre ; sa chasteté se révolta.

— L'organe mâle et inconnu parle de délacer Anastasie!— s'écria-t-il— je m'y oppose! je le défends!!

Et il se précipita hors de sa loge; mais sur le seuil il s'arrêta.

M. Pipelet se trouvait dans une de ces positions horriblement critiques et éminemment dramatiques, souvent exploitées par les poètes. D'un côté le devoir le retenait dans sa loge; d'un autre côté sa pudique et conjugale susceptibilité l'appelait aux étages supérieurs de la maison.

Au milieu de ces perplexités terribles, la voix reprit :

— Vous ne venez pas, monsieur Pipelet?... Tant pis... je coupe les cordons et je ferme les yeux !...

Cette menace décida M. Pipelet.

— *Môsieurr...* — s'écria-t-il d'une voix de Stentor, en sortant éperdument de la loge — au nom de l'honneur, je vous adjure, *Môsieurr*, de ne rien couper, de laisser mon épouse intacte !.. Je monte... — Et Alfred s'élança dans les ténèbres de l'escalier, en laissant dans son trouble la porte de sa loge ouverte.

A peine l'eut-il quittée, que tout à coup un homme y entra vivement, prit sur la table le marteau du savetier, sauta sur le lit, et au moyen de quatre pointes fichées d'avance à chaque coin d'un épais carton qu'il tenait à la main, cloua ce carton dans le fond de l'obscure alcôve de M. Pipelet, puis disparut.

Cette opération fut faite si prestement que le portier, s'étant souvenu presque au même instant qu'il avait laissé la porte de sa loge ouverte, redescendit précipitamment, la ferma, emporta la clef et remonta sans pouvoir soupçonner que quelqu'un était entré chez lui. Après cette mesure de précaution, Alfred s'élança de nouveau au secours d'Anastasie, en criant de toutes ses forces :

— *Môssieurr*, ne coupez rien... je monte... me voici... je mets mon épouse sous la sauvegarde de votre délicatesse!

Le digne portier devait tomber d'étonnement en étonnement.

A peine avait-il de nouveau gravi les premières marches de l'escalier, qu'il entendit la voix d'Anastasie, non pas à l'étage supérieur, mais dans l'allée.

Cette voix, plus glapissante que jamais, s'écriait :

— Alfred! comment tu laisses la loge seule?..
Où es-tu donc, vieux coureur?

A ce moment, M. Pipelet allait poser son pied droit sur le palier du premier étage; il resta pétrifié, la tête tournée vers le bas de l'escalier, la bouche béante, les yeux fixes, le pied levé.

— Alfred!! — cria de nouveau madame Pipelet.

— Anastasie est en bas... elle n'est donc pas en haut occupée à se trouver mal!... — se dit M. Pipelet, fidèle à son argumentation logique et serrée. — Mais alors... cet organe mâle et inconnu qui me menaçait de la délacer, quel est-il?.. c'est donc un imposteur?.. il se fait donc un jeu cruel de mon inquiétude?.. Quel est son dessein?.. Il se passe ici quelque chose d'extraordinaire... Il n'importe : *Fais ton devoir, advienne que pourra...* Après avoir été répondre à mon épouse, je remonterai pour éclaircir ce mystère et vérifier cet organe.

M. Pipelet descendit fort inquiet et se trouva face à face avec sa femme.

— C'est toi? — lui dit-il.

— Eh bien! oui, c'est moi; qui veux-tu que ça *soye?*

— C'est toi, ma vue ne m'abuse point?

— Ah çà! qu'est-ce que tu as encore à faire tes gros yeux en boules de loto? Tu me regardes comme si tu allais me manger...

— C'est que ta présence me révèle qu'il se passe ici des choses... des choses...

— Quelles choses? Voyons, donne-moi la clef de la loge; pourquoi la laisses-tu seule? Je reviens du bureau des diligences de Normandie, où j'étais allée en fiacre porter la malle de M. Bradamanti, qui ne veut pas qu'on sache qu'il part ce soir, et qui ne se fie pas à ce petit gueux de Tortillard... et il a raison!

En disant ces mots, madame Pipelet prit la clef que son mari tenait à la main, ouvrit la loge et y précéda son mari.

A peine le couple était il rentré qu'un personnage, descendant légèrement l'escalier, passa rapidement et inaperçu devant la loge.

C'était l'organe mâle qui avait si vivement excité les inquiétudes d'Alfred.

M. Pipelet s'assit lourdement sur sa chaise et dit à sa femme d'une voix émue :

— Anastasie... je ne me sens pas dans mon assiette accoutumée ; il se passe ici des choses... des choses...

— Voilà que tu rabâches encore ; mais il s'en passe partout, des choses ! Qu'est-ce que tu as ? Voyons... ah ! çà, mais tu es tout en eau... tout en nage... mais tu viens donc de faire un effort ?... Il ruisselle... ce vieux chéri !

— Oui, je ruisselle... et j'en ai le droit... — et M. Pipelet passa la main sur son visage baigné de sueur — car il se passe ici des choses à vous renverser...

— Qu'est-ce qu'il y a encore? Tu ne peux jamais te tenir en repos... Il faut toujours que tu trottes comme un chat maigre, au lieu de rester tranquille sur ta chaise à garder la loge.

— Anastasie, vous êtes injuste... en disant que je trotte comme un chat maigre. Si je trotte... c'est pour vous.

— Pour moi?

— Oui... pour vous épargner un outrage dont nous eussions tous les deux gémi et rougi... j'ai déserté un poste que je considère comme aussi sacré que la guérite du soldat...

— On voulait me faire un outrage, à moi?

— Ce n'était pas à vous... puisque l'outrage dont on vous menaçait devait s'accomplir là-haut, et que vous étiez sortie... mais...

— Que le diable m'emporte si je comprends rien à ce que tu me chantes là! Ah çà, est-ce que décidément tu perds la boule?... tiens, vois-tu... je finirai par croire que tu as des absences... un coup de marteau... et ça par la faute de ce gredin de Cabrion, que Dieu confonde!... Depuis sa farce de l'autre jour je ne te reconnais plus; tu as l'air tout ahuri... Cet être-là sera donc toujours ton cauchemar?

A peine Anastasie avait-elle prononcé ces mots qu'il se passa une chose étrange.

Alfred se tenait assis, le visage tourné du côté du lit.

La loge était éclairée par la clarté blafarde d'un jour d'hiver et par une lampe. A la lueur de ces deux lumières douteuses, M. Pipelet, au moment où sa femme prononça le nom de *Cabrion*, crut voir apparaître dans l'ombre de l'alcôve la figure immobile et narquoise du peintre.

C'était lui, son chapeau pointu, ses longs cheveux, son visage maigre, son rire satanique, sa barbe en pointe et son regard fascinateur...

Un moment M. Pipelet crut rêver, il passa sa main sur ses yeux... se croyant le jouet d'une illusion...

Ce n'était pas une illusion.

Rien de plus réel que cette apparition...

Chose effrayante, on ne voyait pas de corps... mais seulement une tête, dont la carnation vivante se détachait de l'obscurité de l'alcôve.

A cette vue, M. Pipelet se renversa brusquement en arrière, sans prononcer une parole; il leva le bras droit vers le lit, et désigna cette terrible vision d'un geste si épouvanté, que madame Pipelet se retourna pour chercher la cause d'un effroi qu'elle partagea bientôt, malgré sa *crânerie* habituelle.

Elle recula de deux pas, saisit avec force la main d'Alfred, et s'écria :

—CABRION!!!

— Oui!... — murmura M. Pipelet d'une voix éteinte et caverneuse, en fermant les yeux.

La stupeur des deux époux faisait le plus grand honneur au talent de l'artiste qui avait admirablement peint sur carton les traits de Cabrion.

Sa première surprise passée, Anastasie, intrépide comme une lionne, courut au lit, y monta, et, non sans un certain saisissement, arracha le carton du mur où il avait été cloué.

L'amazone couronna cette vaillante entreprise en poussant comme un cri de guerre son exclamation favorite :

— Et alllllez donc!...

Alfred, les yeux toujours fermés, les mains tendues en avant, restait immobile, ainsi qu'il en avait pris l'habitude dans les circonstances critiques de sa vie. L'oscillation convulsive de son chapeau tromblon révélait seule de temps à autre la violence continue de ses émotions intérieures.

— Ouvre donc l'œil, vieux chéri, — dit madame Pipelet triomphante — ça n'est rien... c'est une peinture... le portrait de ce scélérat de Cabrion!... Tiens, regarde comme je le trépigne! — et Anastasie, dans son indignation, jeta la peinture à terre et la foula aux pieds en s'écriant : — « Voilà comme je voudrais l'arranger en chair et en os, le gredin; » — puis, ramassant le portrait : — Vois, maintenant il porte mes marques... regarde donc!

Alfred secoua négativement la tête sans dire un mot, et en faisant signe à sa femme d'éloigner de lui cette image détestée.

— A-t-on vu un effronté pareil!... Ça n'est pas tout... il y a écrit au bas, en lettres rouges : *Cabrion à son bon ami Pipelet, pour la vie* — dit la portière en examinant le carton à la lumière.

— *Son bon ami... pour la vie!...* — murmura Alfred; et il leva les mains au ciel comme pour le prendre à témoin de cette nouvelle et outrageante ironie.

— Mais, à propos, comment ça se fait-il? — dit Anastasie — ce portrait n'y était pas ce matin quand j'ai fait le lit, bien sûr... tu avais tout à l'heure emporté la clef de la loge avec toi, personne n'a donc pu y entrer pendant ton absence. Comment donc, encore une fois, ce portrait se trouve-t-il ici?... Ah çà, est-ce que par hasard ça serait toi qui l'aurais mis là, vieux chéri?

A cette monstrueuse hypothèse, Alfred bondit sur son siége; il ouvrit des yeux furieux, menaçants.

— Moi... moi... accrocher dans mon alcôve le portrait de cet être malfaisant qui, non content de me persécuter de son odieuse présence, me poursuit encore la nuit en rêve, le jour en peinture! Mais vous voulez donc me rendre fou, Anastasie... fou à lier!...

— Eh bien! après? Quand pour avoir la paix tu te serais raccommodé... avec Cabrion pendant mon absence... où serait le grand mal?

— Moi... raccommodé avec... ô mon Dieu!.. vous l'entendez!..

— Et alors... il t'aurait donné son portrait... en gage de bonne amitié... Si ça est... ne t'en défends pas...

— Anastasie!...

— Si ça est, il faut convenir que tu es capricieux comme une jolie femme...

— Mon épouse!...

— Mais enfin il faut bien que ça soit toi qui aies accroché ce portrait?

— Moi!... O mon Dieu! mon Dieu!..

— Mais... qui est-ce, alors?

— Vous, madame...

— Moi!...

— Oui — s'écria M. Pipelet avec égarement, c'est vous, j'ai besoin de croire que c'est vous. Ce matin, ayant le dos tourné au lit, je ne me serai aperçu de rien.

— Mais... vieux chéri...

— Je vous dis qu'il faut que ça soit vous... sinon je croirai que c'est le diable... puisque je n'ai pas quitté la loge, et que lorsque je suis monté en haut pour répondre à l'appel de l'organe mâle, j'avais la clef : la porte était bien fermée, c'est vous qui l'avez ouverte... Niez cela !

— C'est, ma foi, vrai !

— Vous avouez donc?...

— J'avoue que je n'y comprends rien... C'est une farce, et elle est joliment faite... faut être juste.

— Une farce ! — s'écria M. Pipelet, emporté par une indignation délirante. — Ah! vous y voilà encore, une farce! Je vous dis, moi, que tout cela cache quelque trame abominable... il y a quelque chose là-dessous... c'est un coup monté... un complot... On dissimule l'abîme sous des fleurs... on tente de m'étourdir pour m'empêcher de voir le précipice où l'on veut me plonger... Il ne me reste plus qu'à me mettre sous la protection des lois... Heureusement Dieu protège la France.

Et M. Pipelet se dirigea vers la porte.

— Où vas-tu donc, vieux chéri?

— Chez M. le commissaire... déposer ma plainte... et ce portrait, comme preuve des persécutions dont on m'accable.

— Mais de quoi te plaindras-tu?

— De quoi je me plaindrai? Comment! mon ennemi le plus acharné trouvera moyen par des procédés... frauduleux... de me forcer à avoir son portrait chez moi, jusque dans mon lit nuptial! et les magistrats ne me prendront pas sous leur égide? Donnez-moi... ce portrait, Anastasie... donnez-le-moi... pas du côté de la peinture... cette vue me révolte! Le traître ne pourra pas nier... il y a de sa main : *Cabrion à son bon ami Pipelet, pour la vie...*

Pour la vie!... Oui, c'est bien cela... C'est pour avoir ma vie, sans doute, qu'il me poursuit... et il finira par l'avoir... Je vais vivre dans des alarmes continuelles, je croirai que cet être infernal... est là... toujours là... sous le plancher, dans la muraille... au plafond! la nuit, qu'il me regarde dormir aux bras de mon épouse... le jour, qu'il est debout derrière moi, toujours avec son sourire satanique... Et qui me dit qu'en ce moment même il n'est pas ici... tapi quelque part, comme un insecte venimeux? Voyons! y es-tu, monstre? y es-tu?... — s'écria M. Pipelet, en accompagnant cette imprécation furibonde d'un mouvement de tête circulaire, comme s'il eût voulu interroger du regard toutes les parties de la loge.

— J'y suis, bon ami!

Dit affectueusement la voix bien connue de Cabrion.

Ces paroles semblaient sortir du fond de l'alcôve, grâce à un simple effet de ventriloquie; car l'infernal rapin se tenait en dehors de la porte de la loge, jouissant des moindres détails de cette scène. Pourtant, après avoir prononcé ces derniers mots, il s'esquiva prudemment, non sans laisser, ainsi qu'on le verra plus tard, un nouveau sujet de colère, d'étonnement et de méditation à sa victime.

Madame Pipelet, toujours courageuse et sceptique, visita le dessous du lit, les derniers recoins de la loge, sans rien découvrir, explora l'allée sans être plus heureuse dans ses recherches, pendant que M. Pipelet, atterré par ce dernier coup, était retombé assis sur sa chaise, dans un état d'accablement désespéré.

— Ça n'est rien, Alfred — dit Anastasie, qui se montrait toujours très *esprit fort* — le gredin était caché près de la porte, et, pendant que nous cherchions d'un côté, il se sera sauvé de l'autre. Patience, je l'attraperai un jour, et alors... gare à lui ! il mangera mon manche à balai !

La porte s'ouvrit, et madame Séraphin, femme de charge du notaire Jacques Ferrand, entra dans sa loge.

— Bonjour, madame Séraphin — dit madame Pipelet, qui, voulant cacher à une étrangère ses chagrins domestiques... prit tout à coup un air gracieux et avenant — qu'est-ce qu'il y a pour votre service ?

— D'abord dites-moi donc ce que c'est que votre nouvelle enseigne?

— Notre nouvelle enseigne?

— Le petit écriteau...

— Un petit écriteau?

— Oui, noir avec des lettres rouges, qui est accroché au-dessus de la porte de votre allée.

— Comment! dans la rue?..

— Mais oui, dans la rue, juste au-dessus de votre porte.

— Ma chère madame Séraphin, je donne ma langue aux chiens, je n'y comprends rien du tout; et toi, vieux chéri?

Alfred resta muet.

— Au fait, c'est M. Pipelet que ça regarde — dit madame Séraphin — il va m'expliquer ça, lui.

Alfred poussa une sorte de gémissement sourd, inarticulé, en agitant son chapeau tromblon.

Cette pantomime signifiait qu'Alfred se reconnaissait incapable de rien expliquer aux autres, étant suffisamment préoccupé d'une infinité de problèmes plus insolubles les uns que les autres.

— Ne faites pas attention, madame Séraphin — reprit Anastasie — ce pauvre Alfred a sa crampe au pylore, ça le rend tout chose... Mais qu'est-ce que c'est donc que cet écriteau dont vous parlez... peut-être celui du rogomiste d'à côté?

— Mais non, mais non, je vous dis que c'est un petit écriteau accroché tout juste au-dessus de votre porte.

— Allons, vous voulez rire...

— Pas du tout, je viens de le voir en entrant, il y a dessus écrit en grosses lettres : PIPELET ET CABRION FONT COMMERCE D'AMITIÉ ET AUTRES. *S'adresser au portier.*

— Ah mon Dieu !.. il y a cela écrit... au-dessus de notre porte ! entends-tu, Alfred ?

M. Pipelet regarda madame Séraphin d'un air égaré ; il ne comprenait pas, il ne voulait pas comprendre.

— Il y a cela... dans la rue... sur un écriteau ?.. — reprit madame Pipelet, confondue de cette nouvelle audace.

— Oui, puisque je viens de le lire. Alors je me suis dit : Quelle drôle de chose ! M. Pipelet est cordonnier de son état, et il apprend aux passants, par une affiche, qu'il fait *commerce d'amitié* avec un monsieur Cabrion... Qu'est-ce que cela signifie?.. Il y a quelque chose là-dessous... ça n'est pas clair. Mais comme il y a sur l'écriteau : *Adressez-vous au portier*, madame Pipelet va m'expliquer cela... Mais regardez donc — s'écria tout à coup madame Séraphin en s'interrompant — votre mari a l'air de se trouver mal... prenez donc garde, il va tomber à la renverse!..

Madame Pipelet reçut Alfred dans ses bras, à demi pâmé.

Ce dernier coup avait été trop violent, l'homme au chapeau tromblon perdit à peu près connaissance en murmurant ces mots :

— Le malheureux! il m'a publiquement affiché!!

— Je vous le disais, madame Séraphin, Alfred a sa crampe au pylore... sans compter un polisson déchaîné qui le mine à coups d'épingle... Ce pauvre vieux chéri n'y résistera pas! Heureusement j'ai là une goutte d'absinthe, ça va peut-être le remettre sur ses pattes...

En effet, grâce au remède infaillible de

madame Pipelet, Alfred reprit peu à peu ses sens ; mais, hélas ! à peine renaissait-il à la vie qu'il fut soumis à une nouvelle et cruelle épreuve.

Un personnage d'un âge mûr, honnêtement vêtu, et d'une physionomie si candide ou plutôt si niaise qu'on ne pouvait supposer la moindre arrière-pensée ironique à ce type du *gobe-mouche* parisien, ouvrit la partie mobile et vitrée de la porte, et dit d'un air singulièrement *intrigué* :

— Je viens de voir écrit sur un écriteau placé au-dessus de cette allée : *Pipelet et Cabrion font commerce d'amitié et autres. Adressez-vous au portier.* Pourriez-vous, s'il vous plaît, me faire l'honneur de m'enseigner ce que cela veut dire, vous qui êtes le portier de la maison ?

— Ce que cela veut dire !.. — s'écria M. Pipelet d'une voix tonnante, en donnant enfin cours à ses ressentiments si long-temps comprimés — cela veut dire que M. Cabrion est un infâme imposteur... *môssieur !*

Le gobe-mouche, à cette explosion soudaine et furieuse, recula d'un pas.

Alfred, exaspéré, le regard flamboyant, le

visage pourpre, avait le corps à demi sorti de sa loge, et appuyait ses deux mains crispées au panneau inférieur de la porte, pendant que les figures de madame Séraphin et d'Anastasie se dessinaient vaguement sur le second plan, dans la demi-obscurité de la loge.

— Apprenez, *môssieur!* — cria M. Pipelet — que je n'ai aucun commerce avec ce gueux de Cabrion, et celui d'amitié encore moins que tout autre !

— C'est vrai... et il faut que vous soyez depuis bien long-temps en bocal, vieux cornichon que vous êtes, pour venir faire une telle demande — s'écria aigrement la Pipelet, en montrant sa mine hargneuse au-dessus de l'épaule de son mari.

Madame — dit sentencieusement le gobemouche en reculant d'un autre pas — les affiches sont faites pour être lues; vous affichez, je lis; je suis dans mon droit, et vous n'êtes pas dans le vôtre en me disant une grossièreté !

— Grossièreté vous-même... grigou ! — riposta Anastasie en montrant les dents.

— Vous êtes une manante !..

—Alfred, ton tire-pied, que je prenne mesure de son museau... pour lui apprendre à venir faire le farceur à son âge... vieux paltoquet !..

— Des injures, quand on vient vous demander les renseignements que vous indiquez sur votre affiche! ça ne se passera pas comme ça, madame!

— Mais, *môssieur*... — s'écria le malheureux portier...

—Mais, monsieur—reprit le gobe-mouche exaspéré—faites amitié, tant qu'il vous plaira, avec votre M. Cabrion, mais, corbleu! ne l'affichez pas en grosses lettres au nez des passants! Sur ce, je me vois dans l'obligation de vous prévenir que vous êtes un fier malotru, et que je vais déposer ma plainte chez le commissaire.

Et le gobe-mouche s'en alla courroucé.

— Anastasie — dit Pipelet d'une voix dolente — je n'y survivrai pas, je le sens, je suis frappé à mort... je n'ai pas l'espoir de lui échapper. Tu le vois, mon nom est publiquement accolé à celui de ce misérable... Il ose afficher que je fais commerce d'amitié avec lui, et le public le croit ; j'en informe... je le dis... je le communique... c'est monstrueux, c'est énorme, c'est une idée infernale; mais il faut que ça finisse... la mesure est comblée... il faut que lui ou moi succombions dans cette lutte !

Et, surmontant son apathie habituelle, M. Pipelet, déterminé à une vigoureuse résolution, saisit le portrait de Cabrion et s'élança vers la porte.

— Où vas-tu, Alfred ?

— Chez le commissaire... Je vais enlever en même temps cet infâme écriteau ; alors, cet écriteau et ce portrait à la main, je crierai au commissaire : Défendez-moi ! vengez-moi ! délivrez-moi de Cabrion !

— Bien dit, vieux chéri, remue-toi, secoue-toi ; si tu ne peux pas enlever l'écriteau, dis au rogomiste de t'aider et de te prêter sa petite échelle. Gueux de Cabrion !.. Oh ! si je le tenais et si je le pouvais, je le mettrais frire dans ma poêle, tant je voudrais le voir souffrir... Oui, il y a des gens que l'on guillotine qui ne l'ont pas autant mérité que lui. Le gredin ! je voudrais le voir en Grève, le scélérat !

Alfred fit preuve dans cette circonstance d'une longanimité sublime. Malgré ses terribles griefs contre Cabrion, il eut encore la générosité de manifester quelques sentiments pitoyables à l'égard du rapin.

—Non — dit-il — non, quand même je le pourrais, je ne demanderais pas sa tête !

—Moi, si... si... si, tant pis. Et... allez donc ! — s'écria la féroce Anastasie.

— Non — reprit Alfred — je n'aime pas le sang, mais j'ai le droit de réclamer la réclusion perpétuelle de cet être malfaisant; mon repos l'exige, ma santé me le commande... la loi doit m'accorder cette réparation... sinon, je quitte la France... ma belle France ! Voilà ce qu'on y gagnera.

Et Alfred, abîmé dans sa douleur, sortit majestueusement de sa loge, comme une de ces imposantes victimes de la fatalité antique.

CHAPITRE XIII.

CÉCILY.

Avant de faire assister le lecteur à l'entretien de madame Séraphin et de madame Pipelet, nous le préviendrons qu'Anastasie, sans suspecter le moins du monde la vertu et la dévotion du notaire, blâmait extrêmement la sévérité qu'il avait déployée à l'égard de Louise Morel et de Germain. Naturellement la portière enveloppait madame Séraphin dans la même réprobation ; mais, en habile politique, madame Pipelet, pour des raisons que nous dirons plus bas, dissimulait son éloignement pour la femme de charge sous l'accueil le plus cordial.

Après avoir formellement désapprouvé l'indigne conduite de Cabrion, madame Séraphin reprit :

— Ah çà! que devient donc M. Bradamanti (*Polidori*)? Hier soir je lui écris, pas de réponse; ce matin je viens pour le trouver, personne... J'espère qu'à cette heure j'aurai plus de bonheur.

Madame Pipelet feignit la contrariété la plus vive.

— Ah! par exemple — s'écria-t-elle — faut avoir du guignon!

— Comment?

— M. Bradamanti n'est pas encore rentré.

— C'est insupportable!

— Hein! est-ce tannant, ma pauvre madame Séraphin!

— Moi qui ai tant à lui parler!

— Si ça n'est pas comme un sort!

— D'autant plus qu'il faut que j'invente des prétextes pour venir ici; car si M. Ferrand se doutait jamais que je connais un charlatan, lui qui est si dévot... si scrupuleux... vous jugez... quelle scène!

— C'est comme Alfred: il est si bégueule, si bégueule, qu'il s'effarouche de tout...

— Et vous ne savez pas quand il rentrera, M. Bradamanti?

— Il a donné rendez-vous à quelqu'un pour six ou sept heures du soir; car il m'a priée de dire à la personne qu'il attend de repasser s'il n'était pas encore rentré... Revenez dans la soirée, vous serez sûre de le trouver.

Et Anastasie ajouta mentalement: Compte là-dessus; dans une heure il sera en route pour la Normandie.

— Je reviendrai donc ce soir — dit madame Séraphin d'un air contrarié. Puis elle ajouta: — J'avais autre chose à vous dire, ma chère madame Pipelet... Vous savez ce qui est arrivé à cette drôlesse de Louise, que tout le monde croyait si honnête?

— Ne m'en parlez pas — répondit madame Pipelet en levant les yeux avec componction — ça fait dresser les cheveux sur la tête.

— C'est pour vous dire que nous n'avons plus de servante, et que si par hasard vous entendiez parler d'un jeune fille bien sage, bien bonne travailleuse, bien honnête, vous seriez très-aimable de me l'adresser. Les excellents sujets sont si difficiles à rencontrer qu'il faut se mettre en quête de vingt côtés pour les trouver...

— Soyez tranquille, madame Séraphin... Si j'entends parler de quelqu'un, je vous préviendrai... Écoutez donc, les bonnes places sont aussi rares que les bons sujets.

Puis Anastasie ajouta, toujours mentalement :

— *Plus souvent* que je t'enverrai une pauvre fille pour qu'elle crève de faim dans ta baraque ! Ton maître est trop avare et trop méchant ; dénoncer du même coup cette pauvre Louise et ce pauvre M. Germain !

— Je n'ai pas besoin de vous dire — reprit madame Séraphin — combien notre maison est tranquille ; il n'y a qu'à gagner pour une jeune fille à être en place chez nous, et il a fallu que cette Louise fût un mauvais sujet incarné pour avoir mal tourné, malgré les bons et saints conseils que lui donnait M. Ferrand...

— Bien sûr... aussi fiez-vous à moi ; si j'entends parler d'une jeunesse comme il vous la faut, je vous l'adresserai tout de suite...

— Il y a encore une chose — reprit madame Séraphin : — M. Ferrand tiendrait, autant que possible, à ce que cette servante n'eût pas de famille, parce qu'ainsi, vous comprenez, n'ayant pas d'occasion de sortir, elle risquerait moins de se déranger; de sorte que, si par hasard cela se trouvait, monsieur préférerait une orpheline, je suppose... d'abord parce que ça serait une bonne action, et puis parce que, je vous l'ai dit, n'ayant ni tenants ni aboutissants, elle n'aurait aucun prétexte pour sortir. Cette misérable Louise est une fière leçon pour monsieur... allez... ma pauvre madame Pipelet! C'est ce qui maintenant le rend si difficile sur le choix d'une domestique. Un tel esclandre dans une pieuse maison comme la nôtre... quelle horreur! Allons, à ce soir ; en montant chez M. Bradamanti, j'entrerai chez la mère Burette.

— A ce soir, madame Séraphin, et vous trouverez M. Bradamanti pour sûr.

Madame Séraphin sortit.

— Est-elle acharnée après Bradamanti! — dit madame Pipelet; — qu'est-ce qu'elle peut lui vouloir? et lui, est-il acharné à ne pas la voir avant son départ pour la Normandie! J'avais une fière peur qu'elle ne s'en allât pas, la Séraphin, d'autant plus que M. Bradamanti attend la dame qui est déjà venue hier soir ; je n'ai pas pu bien la voir, mais cette fois-ci je vas joliment tâcher de la dévisager, ni plus ni moins que l'autre jour la particulière de ce commandant de deux liards. Il n'a pas remis les pieds ici ! Pour lui apprendre, je vas lui brûler son bois... oui, je le brûlerai, tout ton bois !.. freluquet manqué... va donc ! avec tes mauvais douze francs, et ta robe de chambre de ver luisant ! Ça t'a servi à grand'chose ! Mais qu'est-ce que c'est que cette dame de M. Bradamanti ? Une bourgeoise, ou une femme du commun ? Je voudrais bien savoir, car je suis curieuse comme une pie ; ça n'est pas ma faute, le bon Dieu m'a faite comme ça. Qu'il s'arrange ! voilà mon caractère. Tiens... une idée, et fameuse encore, pour savoir son nom, à cette dame ! Il faudra que j'essaie. Mais qui est-ce qui vient là ? Ah ! c'est mon roi des locataires. Salut ! monsieur Rodolphe — dit madame Pipelet en se mettant au *port d'arme*, le revers de sa main gauche à sa perruque.

C'était en effet Rodolphe ; il ignorait encore la mort de M. d'Harville.

— Bonjour, madame Pipelet — dit-il en

entrant. — Mademoiselle Rigolette est-elle chez elle? J'ai à lui parler.

— Elle? ce pauvre petit chat, est-ce qu'elle n'y est pas toujours! et son travail, donc! Est-ce qu'elle chôme jamais?..

— Et comment va la femme de Morel? reprend-elle un peu courage?

— Oui, monsieur Rodolphe; dame! grâce à vous ou au protecteur dont vous êtes l'agent, elle et ses enfants sont si heureux maintenant! Ils sont comme des poissons dans l'eau, ils ont du feu, de l'air, de bons lits, une bonne nourriture, une garde pour les soigner, sans compter mademoiselle Rigolette, qui, tout en travaillant comme un petit castor, et sans avoir l'air de rien, ne les perd pas de l'œil, allez!.. et puis il est venu de votre part un médecin nègre voir la femme de Morel... Eh! eh! eh! dites donc, monsieur Rodolphe, je me suis dit à moi-même : Ah! çà, mais c'est donc le médecin des charbonniers, ce moricaud-là? il peut leur tâter le pouls sans se salir les mains. C'est égal, la couleur n'y fait rien; il paraît qu'il est fameux médecin, tout de même! Il a ordonné une potion à la femme Morel, qui l'a soulagée tout de suite.

— Pauvre femme! — elle doit être toujours bien triste.

—Oh! oui, monsieur Rodolphe... que voulez-vous?.. avoir son mari fou... et puis sa Louise en prison. Voyez-vous, sa Louise, c'est son crève-cœur! pour une famille honnête, c'est terrible... Et quand je pense que tout à l'heure la mère Séraphin, la femme de charge du notaire, est venue ici dire des horreurs de cette pauvre fille! Si je n'avais pas eu un goujon à lui faire avaler, à la Séraphin, ça ne se serait pas passé comme ça; mais pour le quart d'heure j'ai filé doux. Est-ce qu'elle n'a pas eu le front de venir me demander si je ne connaîtrais pas une jeunesse pour remplacer Louise chez ce grigou de notaire?... Sont-ils roués et avares! Figurez-vous qu'ils veulent une orpheline pour servante, si ça se rencontre. Savez-vous pourquoi, monsieur Rodolphe? C'est censé parce qu'une orpheline, n'ayant pas de parents, n'a pas occasion de sortir pour les voir, et qu'elle est bien plus tranquille. Mais ça n'est pas ça, c'est une frime. La vérité vraie est qu'ils voudraient empaumer une pauvre fille qui ne tiendrait à rien de rien, parce que n'ayant personne pour la conseiller, ils la grugeraient sur ses gages tout à leur aise. Pas vrai, monsieur Rodolphe?

— Oui... oui... — répondit celui-ci d'un air préoccupé.

Apprenant que madame Séraphin cherchait une orpheline pour remplacer Louise comme servante auprès de M. Ferrand, Rodolphe entrevoyait dans cette circonstance un moyen peut-être certain d'arriver à la punition du notaire. Pendant que madame Pipelet parlait, il modifiait donc peu à peu le rôle qu'il avait jusqu'alors dans sa pensée destiné à Cécily, principal instrument du juste châtiment qu'il voulait infliger au bourreau de Louise Morel.

— J'étais bien sûre que vous penseriez comme moi — reprit madame Pipelet; — oui, je le répète, ils ne veulent chez eux une jeunesse isolée que pour rogner ses gages ; aussi, plutôt mourir que de leur adresser quelqu'un. D'abord je ne connais personne... mais je connaîtrais n'importe qui, que je l'empêcherais bien d'entrer jamais dans une pareille baraque. N'est-ce pas, monsieur Rodolphe, que j'aurais raison?

—Madame Pipelet, voulez-vous me rendre un grand service?

—Dieu de Dieu! monsieur Rodolphe... faut-il me jeter en travers du feu, friser ma perruque avec de l'huile bouillante? aimez-vous mieux que je morde quelqu'un?.. parlez... je suis toute à vous... moi et mon cœur nous sommes vos esclaves... excepté pour ce qui serait de faire des traits à Alfred...

— Rassurez-vous, madame Pipelet... voilà de quoi il s'agit... J'ai à placer une jeune orpheline... elle est étrangère... elle n'était jamais venue à Paris, et je voudrais la faire entrer chez M. Ferrand...

— Vous me suffoquez!.. comment! dans cette baraque, chez ce vieil avare?..

— C'est toujours une place... Si la jeune fille dont je vous parle ne s'y trouve pas bien, elle en sortira plus tard... mais au moins elle gagnera tout de suite de quoi vivre... et je serai tranquille sur son compte.

—Dame, monsieur Rodolphe, ça vous regarde, vous êtes prévenu... Si, malgré ça, vous trouvez la place bonne... vous êtes le maître... Et puis aussi, faut être juste, par rapport au notaire, s'il y a du contre, il y a du pour... Il est avare comme un chien, dur comme un âne, bigot comme un sacristain, c'est vrai... mais il est honnête homme comme il n'y en a pas... Il donne peu de gages... mais il les paye rubis sur *l'oncle*... La nourriture est mauvaise... mais elle est tous les jours la même chose. Enfin, c'est une maison où il faut travailler comme un cheval, mais c'est une maison on ne peut pas plus embêtante... où il n'y a jamais de risque qu'une jeune fille prenne des *allures*... Louise, c'est un hasard !

—Madame Pipelet, je vais confier un secret à votre honneur.

—Foi d'Anastasie Pipelet, née Galimard, aussi vrai qu'il y a un Dieu au ciel... et qu'Alfred ne porte que des habits verts... je serai muette comme une tanche...

—Il ne faudra rien dire à M. Pipelet !...

—Je le jure sur la tête de mon vieux chéri... si le motif est honnête...

—Ah ! madame Pipelet !

—Alors nous lui en ferons voir de toutes les couleurs ; il ne saura rien de rien ; figurez-vous que c'est un enfant de six mois, pour l'innocence et la malice.

—J'ai confiance en vous. Écoutez-moi donc.

— C'est entre nous à la vie, à la mort, mon roi des locataires.,. Allez votre train.

—La jeune fille dont je vous parle a fait une faute...

—Connu!... si je n'avais pas à quinze ans épousé Alfred, j'en aurais peut-être commis des cinquantaines... des centaines de fautes ! Moi, telle que vous me voyez... j'étais un vrai salpêtre déchaîné, nom d'un petit bonhomme ! Heureusement Pipelet m'a éteinte dans sa vertu... sans ça... j'aurais fait des folies pour les hommes. C'est pour vous dire que si votre jeune fille n'en a commis qu'une *de* faute... il y a encore de l'espoir.

—Je le crois aussi. Cette jeune fille était servante, en Allemagne, chez une de mes parentes ; le fils de cette parente a été le complice de la faute ; vous comprenez ?

— *Alllllez* donc !... je comprends... comme si je l'aurais faite, la faute !

— La mère a chassé la servante ; mais le jeune homme a été assez fou pour quitter la maison paternelle et pour amener cette pauvre fille à Paris.

— Que voulez-vous ?... ces jeunes gens...

— Après le coup de tête sont venues les réflexions, réflexions d'autant plus sages, que le peu d'argent qu'il possédait était mangé. Mon jeune parent s'est adressé à moi ; j'ai consenti à lui donner de quoi retourner auprès de sa mère, mais à condition qu'il laisserait ici cette fille et que je tâcherais de la placer.

— Je n'aurais pas mieux fait pour mon fils... Si Pipelet s'était plu à m'en accorder un...

— Je suis enchanté de votre approbation ; seulement, comme la jeune fille n'a pas de répondants et qu'elle est étrangère, il est très-difficile de la placer... Si vous vouliez dire à madame Séraphin qu'un de vos parents, établi en Allemagne, vous a adressé et recommandé cette jeune fille, le notaire la prendrait peut-être à son service, j'en serais doublement satisfait. Cécily, elle s'appelle ainsi, Cécily, n'ayant été qu'égarée, se corrigerait certainement dans une maison aussi sévère que celle du notaire... C'est pour cette raison surtout que je tiendrais à la voir, cette jeune fille, entrer chez M. Jacques Ferrand; je n'ai pas besoin de vous dire que présentée par vous... personne si respectable...

— Ah! monsieur Rodolphe...

— Si estimable...

— Ah! mon roi des locataires...

— Que cette jeune fille, enfin, recommandée par vous, serait certainement acceptée par madame Séraphin, tandis que présentée par moi...

— Connu!... c'est comme si je présentais un petit jeune homme! Eh bien! tope... ça me chausse... alllez donc!... enfoncée la Séraphin! Tant mieux; j'ai une dent contre elle; je vous réponds de l'affaire, monsieur Rodolphe! je lui ferai voir des étoiles en plein midi, je lui dirai que depuis je ne sais combien de temps j'ai une cousine établie en Allemagne, une Galimard; que je viens de recevoir la nouvelle qu'elle est défunte, comme son mari, et que leur fille, qui est orpheline, va me tomber sur le dos d'un jour à l'autre.

— Très-bien... Vous conduirez vous-même Cécily chez M. Ferrand, sans en reparler davantage à madame Séraphin. Comme il y a vingt ans que vous n'avez vu votre cousine, vous n'aurez rien à répondre, si ce n'est que depuis son départ pour l'Allemagne vous n'aviez eu d'elle aucune nouvelle.

— Ah çà, mais si la jeunesse ne baragouine que l'allemand?

— Elle parle parfaitement français ; je lui ferai sa leçon ; ne vous occupez de rien, sinon de la recommander très-instamment à madame Séraphin; ou plutôt, j'y songe, non... car elle soupçonnerait peut-être que vous voulez lui forcer la main... Vous le savez, souvent il suffit qu'on demande quelque chose pour qu'on vous refuse...

— A qui le dites-vous!.. C'est pour ça que j'ai toujours rembarré les enjôleurs. S'ils ne m'avaient rien demandé... je ne dis pas.

— Cela arrive toujours ainsi... Ne faites donc aucune proposition à madame Séraphin, et voyez-la venir... Dites-lui seulement que Cécily est orpheline, étrangère, très-jeune, très-jolie, qu'elle va être pour vous une bien lourde charge, et que vous ne sentez pour elle qu'une très-médiocre affection, vu que vous étiez brouillée avec votre cousine, et que vous ne concevez rien au *cadeau* qu'elle vous fait là...

— Dieu de Dieu! que vous êtes malin!.. Mais soyez tranquille, à nous deux nous faisons la paire. Dites donc, monsieur Rodolphe, comme nous nous entendons bien... nous deux!.. Quand je pense que si vous aviez été de mon âge dans le temps où j'étais un vrai salpêtre... ma foi, je ne sais pas... et vous?

— Chut!.. Si M. Pipelet...

— Ah bien oui! Pauvre cher homme, il pense bien à la gaudriole! Vous ne savez pas... une nouvelle infamie de ce Cabrion?.. Mais je vous dirai cela plus tard... Quant à votre jeune fille, soyez calme... je gage que j'amène la Séraphin à me demander de placer ma parente chez eux.

— Si vous y réussissez, ma chère madame

Pipelet, il y a cent francs pour vous. Je ne suis pas riche, mais...

— Est-ce que vous vous moquez du monde, monsieur Rodolphe? Est-ce que vous croyez que je fais ça par intérêt? Dieu de Dieu!.. c'est de la pure amitié... Cent francs!

— Mais jugez donc que si j'avais longtemps cette jeune fille à ma charge, cela me coûterait bien plus que cette somme... au bout de quelques mois...

— C'est donc pour vous rendre service que je prendrai les cent francs, monsieur Rodolphe; mais c'est un fameux quine à la loterie pour nous que vous soyez venu dans la maison. Je puis le crier sur les toits, vous êtes le roi des locataires... Tiens, un fiacre!.. C'est sans doute la petite dame de M. Bradamanti... Elle est venue hier, je n'ai pas pu bien la voir... Je vas lanterner à lui répondre pour la bien dévisager; sans compter que j'ai inventé un moyen pour savoir son nom... Vous allez me voir *travailler*... ça nous amusera.

— Non, non, madame Pipelet, peu m'importent le nom et la figure de cette dame —

dit Rodolphe en se reculant dans le fond de la loge.

— Madame! — cria Anastasie en se précipitant au-devant de la personne qui entrait — où allez-vous, madame?

— Chez M. Bradamanti — dit la femme, visiblement contrariée d'être ainsi arrêtée au passage.

— Il n'y est pas...

— C'est impossible, j'ai rendez-vous avec lui.

— Il n'y est pas...

— Vous vous trompez...

— Je ne me trompe pas du tout... — dit la portière en manœuvrant toujours habilement afin de distinguer les traits de cette femme. — M. Bradamanti est sorti, bien sorti, très-sorti... c'est-à-dire... excepté pour une dame...

— Eh bien! c'est moi... vous m'impatientez... laissez-moi passer.

— Votre nom, madame?... je verrai bien si c'est le nom de la personne que M. Bradamanti m'a dit de laisser entrer. Si vous ne portez pas ce nom-là... il faudra que vous me passiez sur le corps pour monter...

— Il vous a dit mon nom? — s'écria la femme avec autant de surprise que d'inquiétude.

— Oui, madame...

— Quelle imprudence! — murmura la jeune femme. Puis, après un moment d'hésitation, elle ajouta impatiemment, à voix basse, et comme si elle eût craint d'être entendue : — Eh bien! je me nomme madame d'Orbigny.

A ce nom, Rodolphe tressaillit.

C'était le nom de la belle-mère de madame d'Harville.

Au lieu de rester dans l'ombre, il s'avança, et, à la lueur du jour et de la lampe, il reconnut facilement cette femme, grâce au portrait que Clémence lui en avait plus d'une fois tracé.

— Madame d'Orbigny? — répéta madame Pipelet — c'est bien ça le nom que m'a dit M. Bradamanti; vous pouvez monter, madame.

La belle-mère de madame d'Harville passa rapidement devant la loge.

— Et alllllez donc! — s'écria la portière d'un air triomphant — enfoncée la bourgeoise!... je sais son nom, elle s'appelle d'Orbigny... pas mauvais le moyen, hein... monsieur Rodolphe? Mais qu'est-ce que vous avez donc? vous voilà tout pensif!

— Cette dame est déjà venue voir M. Bradamanti? — demanda Rodolphe à la portière.

— Oui. Hier soir, dès qu'elle a été partie, M. Bradamanti est tout de suite sorti, afin d'aller probablement retenir sa place à la diligence pour aujourd'hui; car hier, en revenant, il m'a priée d'accompagner ce matin sa malle jusqu'au bureau des voitures, parce qu'il ne se fiait pas à ce petit gueux de Tortillard.

— Et où va M. Bradamanti? le savez-vous?

— En Normandie... route d'Alençon.

Rodolphe se souvint que la terre des Aubiers, qu'habitait M. d'Orbigny, était située en Normandie.

Plus de doute, le charlatan se rendait auprès du père de Clémence, nécessairement dans de sinistres intentions!

— C'est son départ, à M. Bradamanti, qui va joliment *ostiner* la Séraphin! — reprit madame Pipelet — Elle est comme une enragée pour voir M. Bradamanti, qui l'évite le plus qu'il peut; car il m'a bien recommandé de lui cacher qu'il partait ce soir à six heures; aussi, quand elle va revenir, elle trouvera visage de bois! je profiterai de ça pour lui parler de votre jeunesse. A propos, comment donc qu'elle s'appelle... *Cicé?*...

— Cécily...

— C'est comme qui dirait Cécile avec un *i* au bout. C'est égal, faudra que je mette un morceau de papier dans ma tabatière pour me rappeler ce diable de nom-là... *Cici... Caci... Cécily*, bon, m'y voilà.

— Maintenant, je monte chez mademoiselle Rigolette — dit Rodolphe à madame Pipelet, en sortant de sa loge.

— Et en redescendant, monsieur Rodolphe, est-ce que vous ne direz pas bonjour à ce pauvre vieux chéri? Il a bien du chagrin, allez! il vous contera cela... ce monstre de Cabrion... a encore fait des siennes...

— Je prendrai toujours part aux chagrins de votre mari, madame Pipelet...

Et Rodolphe, singulièrement préoccupé de la visite de madame d'Orbigny à Polidori, monta chez mademoiselle Rigolette.

CHAPITRE XIV.

LE PREMIER CHAGRIN DE RIGOLETTE.

La chambre de Rigolette brillait toujours de la même propreté coquette ; la grosse montre d'argent, placée sur la cheminée dans un cartel de buis, marquait quatre heures ; la rigueur du froid ayant cessé, l'économe ouvrière n'avait pas allumé son poêle.

A peine de la fenêtre apercevait-on un coin du ciel bleu à travers la masse irrégulière de toits, de mansardes et de hautes cheminées, qui de l'autre côté de la rue formait l'horizon.

Tout à coup un rayon de soleil, pour ainsi dire égaré, glissant entre deux pignons élevés, vint pendant quelques instants empourprer d'une teinte resplendissante les carreaux de la chambre de la jeune fille.

Rigolette travaillait assise à côté de la croisée, le doux clair-obscur de son charmant profil se détachait alors sur la transparence lumineuse de la vitre comme un camée d'une blancheur rosée sur un fond vermeil.

De brillants reflets couraient sur sa noire chevelure, tordue derrière sa tête, et nuançaient d'une chaude couleur d'ambre l'ivoire de ses petites mains laborieuses, qui maniaient l'aiguille avec une incomparable agilité.

Les longs plis de sa robe brune, sur laquelle tranchait la dentelure d'un tablier vert, cachaient à demi son fauteuil de paille; ses deux jolis pieds, toujours parfaitement chaussés, s'appuyaient au rebord d'un tabouret placé devant elle.

Ainsi qu'un grand seigneur s'amuse quelquefois par caprice à cacher les murs d'une chaumière sous d'éblouissantes draperies, un moment le soleil couchant illumina cette chambrette de mille feux chatoyants, moira de reflets dorés les rideaux de perse grise et verte, fit étinceler le poli des meubles de noyer, miroiter le carrelage du sol comme du cuivre rouge, et entoura d'un grillage d'or la cage des oiseaux de la grisette.

Mais, hélas! malgré la joyeuseté provocante de ce rayon de soleil, les deux canaris mâle et femelle voletaient d'un air inquiet, et contre leur habitude ne chantaient pas.

C'est que, contre son habitude, Rigolette ne chantait pas...

Tous trois ne gazouillaient guère les uns sans les autres. Presque toujours le chant frais et matinal de celle-ci donnait l'éveil aux chansons de ceux-là, qui plus paresseux ne quittaient pas leur nid de si bonne heure.

C'étaient alors des défis, des luttes de notes claires, sonores, perlées, argentines, dans lesquelles les oiseaux ne remportaient pas toujours l'avantage.

Rigolette ne chantait plus... parce que pour la première fois de sa vie elle éprouvait un *chagrin*.

Jusqu'alors l'aspect de la misère des Morel l'avait souvent affectée, mais de tels tableaux sont trop familiers aux classes pauvres pour leur causer des ressentiments très-durables.

Après avoir presque chaque jour secouru

ces malheureux autant qu'elle le pouvait, sincèrement pleuré avec eux et sur eux, la jeune fille se sentait à la fois émue et satisfaite... émue de ces infortunes... satisfaite de s'y être montrée pitoyable.

Mais ce n'était pas là un *chagrin.*

Bientôt la gaieté naturelle du caractère de Rigolette reprenait son empire... Et puis, sans égoïsme, mais par un simple fait de comparaison, elle se trouvait si heureuse dans sa petite chambre en sortant de l'horrible réduit des Morel, que sa tristesse éphémère se dissipait bientôt.

Cette mobilité d'impression était si peu entachée de personnalité que, par un raisonnement d'une touchante délicatesse, la grisette regardait presque comme un devoir de faire la part des *plus malheureux qu'elle*, pour pouvoir jouir sans scrupule d'une existence bien précaire sans doute, et entièrement acquise par son travail, mais qui, auprès de l'épouvantable détresse de la famille du lapidaire, lui paraissait presque luxueuse.

« Pour chanter sans remords, lorsqu'on a auprès de soi des gens si à plaindre—disait-elle naïvement — il faut leur avoir été aussi charitable que possible. »

Avant d'apprendre au lecteur la cause du *premier chagrin* de Rigolette, nous désirons le rassurer et l'édifier complétement sur la *vertu* de cette jeune fille.

Nous regrettons d'employer le mot de *vertu*, mot grave, pompeux, solennel, qui entraîne presque toujours avec soi des idées de sacrifice douloureux, de lutte pénible contre les passions, d'austères méditations sur la fin des choses d'ici-bas.

Telle n'était pas la vertu de Rigolette.

Elle n'avait ni lutté ni médité.

Elle avait travaillé, ri et chanté.

Sa *sagesse*, ainsi qu'elle le disait simplement et sincèrement à Rodolphe, dépendait surtout d'une question de *temps*... Elle n'avait pas le *loisir* d'être amoureuse.

Avant tout, gaie, laborieuse, ordonnée, l'ordre, le travail, la gaieté l'avaient, à son insu, défendue, soutenue, sauvée.

On trouvera peut-être cette morale légère, facile et joyeuse; mais qu'importe la cause, pourvu que l'effet subsiste !

Qu'importe la direction des racines de la plante, pourvu que sa fleur s'épanouisse pure, brillante et parfumée...

A propos de notre *utopie* sur les encouragements, les secours, les récompenses que la société devrait accorder aux artisans remarquables par d'éminentes qualités sociales, nous avons parlé de cet ESPIONNAGE DE LA VERTU, un des projets de l'Empereur.

Supposons cette féconde pensée du grand homme réalisée...

Un de ces *vrais philanthropes*, chargés par lui de *rechercher le bien*, a découvert Rigolette.

Abandonnée, sans conseils, sans appui, exposée à tous les dangers de la pauvreté, à toutes les séductions dont la jeunesse et la beauté sont entourées, cette charmante fille est restée pure; sa vie honnête, laborieuse, pourrait servir d'enseignement et d'exemple.

Cette enfant ne méritera-t-elle pas, non une récompense, non un secours, mais quelques touchantes paroles d'approbation, d'encouragement, qui lui donneront la conscience de sa valeur, qui la rehausseront à ses propres yeux, qui *l'obligeront* même pour l'avenir?

Car elle saura qu'on la suit d'un regard plein de sollicitude et de protection dans la voie difficile où elle marche avec tant de courage et de sérénité.

Car elle saura que si un jour *le manque d'ouvrage* ou *la maladie* menaçait de rompre l'équilibre de cette vie pauvre et occupée qui repose tout entière sur *le travail* et sur *la santé*, un léger secours dû à ses mérites passés lui viendrait en aide.

L'on se récriera sans doute sur l'impossibilité de cette surveillance tutélaire dont seraient entourées les personnes *particulièrement dignes d'intérêt par leurs excellents antécédents.*

Il nous semble que la société a déjà résolu ce problème.

N'a-t-elle pas imaginé la *surveillance de la haute police* à vie ou à temps, dans le but d'ailleurs fort utile de contrôler incessamment la conduite des *personnes dangereuses signalées par leurs détestables antécédents?*

Pourquoi la société n'exercerait-elle pas aussi une SURVEILLANCE DE HAUTE CHARITÉ MORALE ?

. . . .

Mais descendons de la sphère des utopies et revenons à la cause du premier chagrin de Rigolette.

Sauf Germain, candide et grave jeune homme, les *voisins* de la grisette avaient pris tout d'abord son originale familiarité, ses offres de *bon voisinage*, pour des agaceries très-significatives ; mais ces messieurs avaient été obligés de reconnaître, avec autant de surprise que de dépit, qu'ils trouveraient dans Rigolette un aimable et gai compagnon pour leurs récréations dominicales, une voisine serviable et *bonne enfant*, mais non pas une maîtresse.

Leur surprise et leur dépit très-vifs d'abord cédèrent peu à peu devant la franche et charmante humeur de la grisette ; et puis, ainsi qu'elle l'avait judicieusement dit à Rodolphe, ses voisins étaient fiers le dimanche d'avoir au bras une jolie fille qui leur *faisait honneur* de plus d'une manière (Rigolette se souciait peu des apparences), et qui ne leur coûtait que le partage de modestes plaisirs dont sa présence et sa gentillesse doublaient le prix.

D'ailleurs la chère fille se contentait si facilement!.. dans les jours de pénurie elle dînait si bien et si gaiement avec un beau morceau de galette chaude, où elle mordait de toutes les forces de ses petites dents blanches; après quoi elle s'amusait tant d'une promenade sur les boulevards ou dans les passages!

Si nos lecteurs ressentent quelque peu de sympathie pour Rigolette, ils conviendront qu'il aurait fallu être bien sot ou bien barbare pour refuser, une fois par semaine, ces modestes distractions à une si gracieuse créature, qui, du reste, n'ayant pas le droit d'être jalouse, n'empêchait jamais ses sigisbés de se consoler de ses rigueurs auprès de *belles* moins *cruelles.*

François Germain seul ne fonda aucune folle espérance sur la familiarité de la jeune fille; fût-ce instinct du cœur ou délicatesse d'esprit, il devina, dès le premier jour, tout ce qu'il pouvait y avoir de ravissant dans la camaraderie singulière que lui offrait Rigolette.

Ce qui devait fatalement arriver arriva.

Germain devint passionnément amoureux

de sa voisine, sans oser lui dire un mot de cet amour.

Loin d'imiter ses prédécesseurs, qui, bien convaincus de la vanité de leurs poursuites, s'étaient consolés par d'autres amours, sans pour cela vivre en moins bonne intelligence avec leur voisine, Germain avait délicieusement joui de son intimité avec la jeune fille, passant auprès d'elle non-seulement le dimanche, mais toutes les soirées où il n'était pas occupé. Durant ces longues heures, Rigolette s'était montrée, comme toujours, rieuse et folle; Germain, tendre, attentif, sérieux, souvent même un peu triste.

Cette tristesse était son seul inconvénient; car ses manières, naturellement distinguées, ne pouvaient se comparer aux ridicules prétentions de M. Giraudeau, le commis-voyageur, ou aux turbulentes excentricités de Cabrion; mais M. Giraudeau par son intarissable loquacité, et le peintre par son hilarité non moins intarissable, l'emportaient sur Germain, dont la douce gravité imposait un peu à sa voisine.

Rigolette n'avait donc eu jusqu'alors de préférence marquée pour aucun de ses trois amoureux... Mais comme elle ne manquait pas de jugement, elle trouvait que Germain réunissait seul toutes les qualités nécessaires pour rendre heureuse une femme *raisonnable*.

Ces antécédents posés, nous dirons pourquoi Rigolette était chagrine, et pourquoi ni elle ni ses oiseaux ne chantaient pas.

Sa ronde et fraîche figure avait un peu pâli; ses grands yeux noirs, ordinairement gais et brillants, étaient légèrement battus et voilés; ses traits révélaient une fatigue inaccoutumée. Elle avait employé à travailler une grande partie de la nuit.

De temps à autre, elle regardait tristement une lettre placée tout ouverte sur une table auprès d'elle; cette lettre venait de lui être adressée par Germain, et contenait ce qui suit:

« Prison de la Conciergerie.

» Mademoiselle,

» Le lieu d'où je vous écris vous dira l'étendue de mon malheur. Je suis incarcéré comme voleur... Je suis coupable aux yeux de tout le monde, et j'ose pourtant vous écrire!

» C'est qu'il me serait affreux de croire que vous me regardez aussi comme un être criminel et dégradé. Je vous en supplie, ne me condamnez pas avant d'avoir lu cette lettre... Si vous me repoussiez... ce dernier coup m'accablerait tout à fait!

» Voici ce qui s'est passé :

» Depuis quelque temps, je n'habitais plus rue du Temple; mais je savais par la pauvre Louise que la famille Morel, à laquelle vous et moi nous nous intéressions tant, était de plus en plus misérable. Hélas! ma pitié pour ces pauvres gens m'a perdu! Je ne m'en repens pas, mas mon sort est bien cruel!...

» Hier, j'étais resté assez tard chez M. Ferrand, occupé d'écritures pressées. Dans la chambre où je travaillais, se trouvait un bureau, mon patron y serrait chaque jour la besogne que j'avais faite. Ce soir-là il paraissait inquiet, agité; il me dit : — Ne vous en allez pas que ces comptes ne soient terminés, vous les déposerez dans le bureau dont je vous laisse la clef. — Et il sortit.

» Mon ouvrage fini, j'ouvris le tiroir pour l'y serrer; machinalement mes yeux s'arrêtèrent sur une lettre déployée où je lus le nom de *Jérôme Morel*, le lapidaire.

» Je l'avoue, voyant qu'il s'agissait de cet infortuné, j'eus l'indiscrétion de lire cette lettre; j'appris ainsi que l'artisan devait être le lendemain arrêté pour une lettre de change de mille trois cents francs, à la poursuite de M. Ferrand, qui, sous un nom supposé, le faisait emprisonner.

» Cet avis était de l'agent d'affaires de mon patron. Je connaissais assez la situation de la famille Morel pour savoir quel horrible coup lui porterait l'incarcération de son seul soutien... Je fus aussi désolé qu'indigné. Malheureusement je vis dans le même tiroir une boîte ouverte, renfermant de l'or; elle contenait deux mille francs... A ce moment, j'entendis Louise monter l'escalier; sans réfléchir à la gravité de mon action, profitant de l'occasion que le hasard m'offrait, je pris mille trois cents francs. J'attendis Louise au passage, je lui mis l'argent dans la main, et lui dis : « On doit arrêter votre père demain au point du jour pour mille trois cents francs, les voici, sauvez-le; mais ne dites pas que c'est de moi que vous tenez cet argent... M. Ferrand est un méchant homme... »

» Vous le voyez, mademoiselle, mon intention était bonne, mais ma conduite coupable; je ne vous cache rien... Maintenant voici mon excuse.

» Depuis long-temps, à force d'économies, j'avais réalisé et placé chez un banquier une petite somme de mille cinq cents francs. Il y a huit jours, il me prévint que, le terme de son obligation envers moi étant arrivé, il tenait mes fonds à ma disposition dans le cas où je ne les lui laisserais pas.

» Je possédais donc plus que je ne prenais au notaire : je pouvais le lendemain toucher mes mille cinq cents francs ; mais le caissier du banquier n'arriverait pas chez son patron avant midi, et c'est au point du jour qu'on devait arrêter Morel... il me fallait donc mettre celui-ci en mesure de payer de très-bonne heure ; sinon, lors même que je serais allé dans la journée le tirer de prison, il n'en eût pas moins été arrêté et emmené aux yeux de sa femme, que ce dernier coup pouvait achever. De plus, les frais considérables de l'arrestation auraient encore été à la charge du lapidaire. Vous comprenez, n'est-ce pas, que tous ces malheurs n'arrivaient pas si je prenais les treize cents francs, que je croyais pouvoir remettre le lendemain matin dans le bureau, avant que M. Ferrand se fût aperçu de quelque chose. Malheureusement je me suis trompé!

» Je sortis de chez M. Ferrand, n'étant plus sous l'impression d'indignation et de pitié qui m'avait fait agir... Je réfléchis à tout le danger de ma position : mille craintes vinrent alors m'assaillir; je connaissais la sévérité du notaire, il pouvait après mon départ revenir fouiller dans son bureau... s'apercevoir du *vol;* car à ses yeux, aux yeux de tous... c'est un *vol.*

» Ces idées me bouleversèrent; quoiqu'il fût tard, je courus chez le banquier pour le supplier de me rendre mes fonds à l'instant; j'aurais motivé cette demande extraordinaire: je serais ensuite retourné chez M. Ferrand remplacer l'argent que j'avais pris.

» Le banquier, par un funeste hasard, était depuis deux jours à Belleville, dans une maison de campagne où il faisait faire des plantations ; j'attendis le jour avec une angoisse croissante, enfin j'arrivai à Belleville... Tout se liguait contre moi : le banquier venait de repartir à l'instant pour Paris ; j'y accours, j'ai enfin mon argent, je me présente chez M. Ferrand... tout était découvert!...

» Mais ce n'est là qu'une partie de mes infortunes ; maintenant le notaire m'accuse de lui avoir volé quinze mille francs en billets de banque, qui étaient, dit-il, dans le tiroir du bureau avec les deux mille francs en or. C'est une accusation indigne, un mensonge infâme! Je m'avoue coupable de la première soustraction ; mais, par tout ce qu'il y a de plus sacré au monde, je vous jure, mademoiselle, que je suis innocent de la seconde... Je n'ai vu aucun billet de banque dans ce tiroir : il n'y avait que deux mille francs en or, sur lesquels j'ai pris les treize cents francs que je rapportais.

» Telle est la vérité, mademoiselle : je suis sous le coup d'une accusation accablante, et pourtant j'affirme que vous devez me savoir incapable de mentir... Mais me croirez-vous?... Hélas! comme m'a dit M. Ferrand, celui qui a volé une faible somme peut en voler une plus forte, et ses paroles ne méritent aucune confiance.

» Je vous ai toujours vue si bonne et si dévouée pour les malheureux, mademoiselle, je vous sais si loyale et si franche, que votre cœur vous guidera, je l'espère, dans l'appréciation de la vérité... Je ne demande rien de plus... Ajoutez foi à mes paroles, et vous me trouverez aussi à plaindre qu'à blâmer; car, je le répète, mon intention était bonne, des circonstances impossibles à prévoir m'ont perdu.

» Ah! mademoiselle Rigolette... je suis bien malheureux!... Si vous saviez au milieu de quels gens je suis destiné à vivre jusqu'au jour de mon jugement!

» Hier on m'a conduit dans un lieu qu'on appelle le dépôt de la préfecture de police. Je ne saurais vous dire ce que j'ai éprouvé lorsqu'après avoir monté un sombre escalier, je suis arrivé devant une porte à guichet de fer que l'on a ouverte et qui s'est bientôt refermée sur moi.

» J'étais si troublé que je ne distinguai d'abord rien. Un air chaud, nauséabond, m'a frappé au visage; j'ai entendu un grand bruit de voix mêlé çà et là de rires sinistres, d'accents de colère et de chansons grossières; je me tenais immobile près de la porte, regardant les dalles de grès de cette salle, n'osant ni avancer ni lever les yeux, croyant que tout le monde m'examinait.

» On ne s'occupait pas de moi : un prisonnier de plus ou de moins inquiète peu ces gens-là. Enfin je me suis hasardé à lever la tête. Quelles horribles figures, mon Dieu! que de vêtements en lambeaux! que de haillons souillés de boue! Tous les dehors de la misère et du vice. Ils étaient là quarante ou cinquante, assis, debout ou couchés sur des bancs scellés dans le mur, vagabonds, voleurs, assassins, enfin tous ceux qui avaient été arrêtés dans la nuit ou dans la journée.

» Lorsqu'ils se sont aperçus de ma présence, j'ai éprouvé une triste consolation en voyant qu'ils reconnaissaient que je n'étais pas des leurs. Quelques-uns me regardèrent d'un air insolent et moqueur; puis ils se mirent à parler entre eux, à voix basse, je ne sais quel langage hideux que je ne comprenais pas. Au bout d'un moment le plus audacieux vint me frapper sur l'épaule et me demander de l'argent pour payer ma *bienvenue*.

» J'ai donné quelques pièces de monnaie, espérant acheter ainsi le repos : cela ne leur a pas suffi, ils ont exigé davantage, j'ai refusé. Alors plusieurs m'ont entouré en m'accablant d'injures et de menaces; ils allaient se précipiter sur moi, lorsqu'heureusement, attiré par le tumulte, un gardien est entré. Je me suis plaint à lui : il a exigé que l'on me rendît l'argent que j'avais donné, et m'a dit que, si je voulais, je serais, pour une modique somme, conduit à ce qu'on appelle la *pistole*, c'est-à-dire que je pourrais être seul dans une cellule. J'acceptai avec reconnaissance et je quittai ces bandits au milieu de leurs menaces pour l'avenir; car nous devions, disaient-ils, nous retrouver, et alors je resterais sur la place.

» Le gardien me mena dans une cellule où je passai le reste de la nuit.

» C'est de là que je vous écris ce matin, mademoiselle Rigolette. Tantôt, après mon interrogatoire, je serai conduit à une autre prison qu'on appelle *la Force*, où je crains de retrouver plusieurs de mes compagnons du *Dépôt*.

» Le gardien, intéressé par ma douleur et par mes larmes, m'a promis de vous faire parvenir cette lettre, quoique de telles complaisances lui soient très-sévèrement défendues.

» J'attends, mademoiselle Rigolette, un dernier service de votre ancienne amitié, si toutefois vous ne rougissez pas maintenant de cette amitié...

» Dans le cas où vous voudriez bien m'accorder ma demande, la voici :

« Vous recevrez avec cette lettre une petite clef et un mot pour le portier de la maison que j'habite, boulevard Saint-Denis, n° 11. Je le préviens que vous pouvez disposer comme moi-même de tout ce qui m'appartient, et qu'il doit exécuter vos ordres... Il vous conduira dans ma chambre. Vous aurez la bonté d'ouvrir mon secrétaire avec la clef que je vous envoie; vous trouverez une grande enveloppe renfermant différents papiers que je vous prie de me garder; l'un d'eux vous était

destiné, ainsi que vous le verrez par l'adresse...
D'autres ont été écrits *à propos de vous*, et
cela dans des temps bien heureux... Ne vous
en fâchez pas... vous ne deviez jamais les connaître.

» Je vous prie aussi de prendre le peu d'argent qui est dans ce meuble, ainsi qu'un sachet de satin renfermant une petite cravate
de soie orange que vous portiez lors de nos
dernières promenades du dimanche, et que
vous m'avez donnée le jour où j'ai quitté la
rue du Temple.

» Je voudrais enfin qu'à l'exception d'un
peu de linge que vous m'enverriez à *la Force*,
vous fissiez vendre les meubles et les effets que
je possède : acquitté ou condamné, je n'en
serai pas moins flétri et obligé de quitter Paris... Où irai-je?.. Quelles seront mes ressources?.. Dieu le sait!..

» Madame Bouvard, la marchande du
Temple, qui m'a déjà vendu et acheté plusieurs objets, se chargerait peut-être du tout;
c'est une honnête femme; cet arrangement
vous épargnerait beaucoup d'embarras, car je
sais combien votre temps est précieux...

» J'avais payé mon terme d'avance, je vous prie donc de vouloir bien seulement donner une petite gratification au portier. Pardon, mademoiselle, de vous importuner de tous ces détails, mais vous êtes la seule personne au monde à laquelle j'ose et je puisse m'adresser.

» J'aurais pu réclamer ce service d'un des clercs de M. Ferrand avec lequel je suis assez lié ; mais j'aurais craint son indiscrétion au sujet de divers papiers ; plusieurs vous concernent, comme je vous l'ai dit ; quelques autres ont rapport à de tristes événements de ma vie.

» Ah ! croyez-moi, mademoiselle Rigolette, si vous me l'accordez, cette dernière preuve de votre ancienne affection sera ma seule consolation dans le grand malheur qui m'accable ; malgré moi j'espère que vous ne me refuserez pas.

» Je vous demande aussi la permission de vous écrire quelquefois... Il me serait si doux, si précieux, de pouvoir épancher dans un cœur bienveillant la tristesse qui m'accable !..

» Hélas ! je suis seul au monde ; personne

ne s'intéresse à moi... Cet isolement m'était déjà bien pénible, jugez maintenant!..

» Et je suis honnête pourtant... et j'ai la conscience de n'avoir jamais nui à personne, d'avoir toujours, même au péril de ma vie, témoigné de mon aversion pour ce qui était mal... ainsi que vous le verrez par les papiers que je vous prie de garder, et que vous pouvez lire... Mais quand je dirai cela, qui me croira? M. Ferrand est respecté par tout le monde, sa réputation de probité est établie depuis long-temps, il a un juste grief à me reprocher... il m'écrasera... Je me résigne d'avance à mon sort.

» Enfin, mademoiselle Rigolette, si vous *me croyez*, vous n'aurez, je l'espère, aucun mépris pour moi... vous me plaindrez, et vous penserez quelquefois à un ami sincère. Alors, si je vous fais bien... bien pitié, peut-être vous pousserez la générosité jusqu'à venir un jour... *un dimanche* (hélas! que de souvenirs ce mot me rappelle!), jusqu'à venir un *dimanche* affronter le parloir de ma prison.

» Mais non, non, vous revoir dans un pareil

lieu... je n'oserais jamais... Pourtant, vous êtes si bonne... que...

» Je suis obligé d'interrompre cette lettre et de vous l'envoyer ainsi avec la clef et le petit mot pour le portier, que je vais écrire à la hâte. Le gardien vient m'avertir que je vais être conduit devant le juge... Adieu... adieu, mademoiselle Rigolette... ne me repoussez pas... je n'ai d'espoir qu'en vous, qu'en vous seule !..

» FRANÇOIS GERMAIN.

» *P. S.* Si vous me répondez, adressez votre lettre à la prison de la Force. »

On comprend maintenant la cause du premier chagrin de Rigolette.

Son cœur excellent s'était profondément ému d'une infortune dont elle n'avait eu jusqu'alors aucun soupçon. Elle croyait aveuglément à l'entière véracité du récit de Germain, ce fils infortuné du Maître d'école...

Assez peu rigoriste, elle trouvait même que son ancien voisin s'exagérait énormément sa faute. Pour sauver un malheureux père de famille, il avait pris de l'argent qu'il savait pouvoir rendre. Cette action, aux yeux de la grisette, n'était que généreuse.

Par une de ces contradictions naturelles aux femmes, et surtout aux femmes de sa classe, cette jeune fille, qui jusqu'alors n'avait éprouvé pour Germain, comme pour ses autres voisins, qu'une joyeuse et cordiale amitié, ressentit pour lui une vive préférence.

Dès qu'elle le sut malheureux... injustement accusé et prisonnier, son souvenir effaça celui de ses anciens rivaux.

Chez Rigolette ce n'était pas encore de l'amour, c'était une affection vive, sincère, remplie de commisération et de dévouement résolu : sentiment très-nouveau pour elle en raison même de l'amertume qui s'y joignait.

Telle était la situation *morale* de Rigolette, lorsque Rodolphe entra dans sa chambre, après avoir discrètement frappé à la porte.

CHAPITRE XV.

AMITIÉ.

— Bonjour, ma voisine — dit Rodolphe à Rigolette; — je ne vous dérange pas?

— Non, mon voisin; je suis au contraire très-contente de vous voir, car j'ai beaucoup de chagrin!

— En effet, je vous trouve pâle; vous semblez avoir pleuré!

— Je crois bien que j'ai pleuré!.. Il y a de quoi... Pauvre Germain!.. Tenez, lisez. — Et Rigolette remit à Rodolphe la lettre du prisonnier. — Si ce n'est pas à fendre le cœur! Vous m'avez dit que vous vous intéressiez à lui... voilà le moment de le montrer — ajouta-t-elle pendant que Rodolphe lisait attentivement. — Faut-il que ce vilain monsieur

Ferrand soit acharné après tout le monde!..
D'abord ç'a été contre Louise, maintenant
c'est contre Germain. Oh! je ne suis pas méchante... mais il arriverait quelque bon malheur à ce notaire, que j'en serais contente!..
Accuser un si honnête garçon de lui avoir
volé 15,000 francs!.. Germain... lui!!!.. la
probité en personne, et puis si rangé, si doux...
si triste... va-t-il être à plaindre, mon Dieu!..
au milieu de tous ces scélérats... dans sa prison!.. Ah! monsieur Rodolphe... d'aujourd'hui je commence à voir que tout n'est pas
couleur de rose dans la vie...

— Et que comptez-vous faire, ma voisine?

— Ce que je compte faire!.. mais tout ce
que Germain me demande, et cela le plus tôt
possible... Je serais déjà partie sans cet ouvrage très-pressé que je finis, et que je vais
porter tout à l'heure rue Saint-Honoré, en
me rendant à la chambre de Germain chercher
les papiers dont il me parle... J'ai passé une
partie de la nuit à travailler pour gagner
quelques heures d'avance. Je vais avoir tant
de choses à faire en dehors de mon ouvrage...

qu'il faut que je me mette en mesure....D'abord madame Morel voudrait que je puisse voir Louise dans sa prison... C'est peut-être très-difficile, mais enfin je tâcherai... Malheureusement je ne sais pas seulement à qui m'adresser...

— J'avais songé à cela...

— Vous, mon voisin ?

— Voici une permission.

— Quel bonheur ! Est-ce que vous ne pourriez pas m'en avoir une aussi pour la prison de ce malheureux Germain?.. ça lui ferait tant de plaisir !

— Je vous donnerai aussi les moyens de voir Germain.

— Oh ! merci, monsieur Rodolphe.

— Vous n'aurez donc pas peur d'aller dans sa prison ?

— Bien sûr, le cœur me battra très-fort la première fois.... Mais c'est égal. Est-ce que, quand Germain était heureux, je ne le trouvais pas toujours prêt à aller au-devant de toutes mes volontés, à me mener au spectacle ou promener, à me faire la lecture le soir, à m'aider à arranger mes caisses de fleurs, à cirer ma chambre ? Eh bien ! il est dans la peine, c'est à mon tour maintenant. Un pauvre petit rat comme moi ne peut pas grand'chose... je le sais... mais enfin tout ce que je pourrai, je le ferai... il peut y compter... il verra si je suis bonne amie ! Tenez, monsieur Rodolphe, il y a une chose qui me désole... c'est sa défiance... Me croire capable de le mépriser !.. Moi ! je vous demande un peu pourquoi ? Ce vieil avare de notaire l'accuse d'avoir volé... qu'est-ce que ça me fait ?.. je sais bien que ça n'est pas vrai. La lettre de Germain ne m'aurait pas prouvé clair comme le jour qu'il est innocent, que je ne l'aurais pas cru coupable ; il n'y a qu'à le voir, qu'à le connaître, pour être sûr qu'il est incapable d'une vilaine action. Il faut être aussi méchant que M. Ferrand pour soutenir des faussetés pareilles.

— Bravo, ma voisine... j'aime votre indignation !

— Oh ! tenez... je voudrais être homme pour pouvoir aller trouver ce notaire... et lui dire : « Ah ! vous soutenez que Germain vous a volé ; eh bien, tenez, voilà pour vous ! vieux

menteur, il ne vous volera pas cela, toujours !
Et ! pan ! pan ! pan !.. je le battrais comme
plâtre... »

—Vous avez une justice très-expéditive —
dit Rodolphe en souriant de l'animation de
Rigolette.

— C'est que ça révolte aussi... et, comme dit
Germain dans sa lettre, tout le monde sera
du parti de son patron contre lui, parce que
son patron est riche, considéré... et que Germain n'est qu'un pauvre jeune homme sans
protection... à moins que vous ne veniez à
son secours, monsieur Rodolphe, vous qui
connaissez des personnes si bienfaisantes...
Est-ce qu'il n'y aurait pas à faire quelque
chose ?

— Il faut qu'il attende son jugement... Une
fois acquitté, comme je le crois, de nombreuses preuves d'intérêt lui seront données, je
vous l'assure... Mais écoutez, ma voisine, je
sais par expérience qu'on peut compter sur
votre discrétion...

—Oh ! oui, monsieur Rodolphe... je n'ai jamais été bavarde.

— Eh bien ! il faut que personne ne sache,

et que Germain lui-même ignore que des amis veillent sur lui... car il a des amis...

— Vraiment?

— De très-puissants, de très-dévoués.

— Ça lui donnerait tant de courage de le savoir!

— Sans doute; mais il ne pourrait peut-être pas s'en taire. Alors M. Ferrand, effrayé, se mettrait sur ses gardes, sa défiance s'éveillerait, et, comme il est très-adroit, il deviendrait difficile de l'atteindre : ce qui serait fâcheux, car il faut non-seulement que l'innocence de Germain soit reconnue, mais que son calomniateur soit démasqué.

— Je vous comprends, monsieur Rodolphe...

— Il en est de même de Louise; je vous apportais cette permission de la voir, afin que vous la priiez de ne parler à personne de ce qu'elle m'a révélé... elle saura ce que cela signifie.

— Cela suffit, monsieur Rodolphe.

— En un mot, que Louise se garde de se plaindre dans sa prison de la méchanceté de son maître, c'est très-important... Mais elle devra ne rien cacher à un avocat qui viendra de ma part s'entendre avec elle pour sa défense; faites-lui bien toutes ces recommandations.

— Soyez tranquille, mon voisin, je n'oublierai rien... j'ai bonne mémoire... Mais je parle de bonté!... c'est vous qui êtes bon et généreux!... Quelqu'un est-il dans la peine, vous vous trouvez tout de suite là!...

— Je vous l'ai dit, ma voisine, je ne suis qu'un pauvre commis-marchand; mais quand, en *flânant* de côté et d'autre, je trouve de braves gens qui méritent protection, j'en instruis une personne bienfaisante qui a toute confiance en moi, et on les secourt... Ça n'est pas plus malin que ça.

— Et où logez-vous, maintenant que vous avez cédé votre chambre aux Morel?

— Je loge... en garni.

— Oh! que je détesterais ça! Être où a été tout le monde, c'est comme si tout le monde avait été chez vous.

— Je n'y suis que la nuit, et alors...

— Je conçois... c'est moins désagréable... Ce que c'est que de nous pourtant, monsieur Rodolphe!... Mon *chez-moi* me rendait si heureuse ; je m'étais arrangé une petite vie si tranquille, que je n'aurais jamais cru possible d'avoir un chagrin... et vous voyez pourtant !... Non, je ne peux pas vous dire le coup que le malheur de Germain m'a porté. J'ai vu les Morel et d'autres encore bien à plaindre, c'est vrai ; mais enfin la misère est la misère ; entre pauvres gens on s'y attend, ça ne surprend pas, et l'on s'entr'aide comme on peut. Aujourd'hui c'est l'un, demain c'est l'autre. Quant à soi, avec du courage et de la gaieté, on se tire d'affaire. Mais voir un pauvre jeune homme, honnête et bon, qui a été votre ami pendant long-temps, le voir accusé de vol et emprisonné pêle-mêle avec des scélérats !... ah ! dame, monsieur Rodolphe, vrai, je suis sans force contre ça, c'est un malheur auquel je n'avais jamais pensé, ça me bouleverse...

Et les grands yeux de Rigolette se voilèrent de larmes.

— Courage, courage ! votre gaieté reviendra quand votre ami sera acquitté...

— Oh ! il faudra bien qu'il soit acquitté... Il n'y aura qu'à lire aux juges la lettre qu'il m'a écrite... ça suffira, n'est-ce pas, monsieur Rodolphe?

— En effet, cette lettre simple et touchante a tout le caractère de la vérité; il faudra même que vous m'en laissiez prendre copie, cela sera nécessaire à la défense de Germain.

— Certainement, monsieur Rodolphe. Si je n'écrivais pas comme un vrai chat, malgré les leçons qu'il m'a données, ce bon Germain, je vous proposerais de vous la copier... mais mon écriture est si grosse, si de travers, et puis il y a tant, tant... de fautes!...

— Je vous demanderai de me confier seulement la lettre jusqu'à demain.

— La voilà, mon voisin; mais vous y ferez bien attention, n'est-ce pas?.. J'ai brûlé tous les billets doux que M. Cabrion et M. Giraudeau m'écrivaient dans les commencements de notre connaissance, avec des cœurs enflammés et des colombes sur le haut du papier, quand ils croyaient que je me laisserais prendre à leurs cajoleries; mais cette pauvre lettre de Germain, je la garderai soigneusement, et les autres aussi, s'il m'en écrit... Car enfin, n'est-ce pas, monsieur Rodolphe, ça prouve en ma faveur qu'il me demande ces petits services?

— Sans doute, cela prouve que vous êtes la meilleure petite amie qu'on puisse désirer. Mais, j'y songe... au lieu d'aller tout à l'heure, seule, chez M. Germain, voulez-vous que je vous accompagne?

— Avec plaisir, mon voisin. La nuit vient, et le soir j'aime autant ne pas être toute seule dans les rues, sans compter qu'il faut que je porte de l'ouvrage près le Palais-Royal. Mais, d'aller si loin, ça va vous fatiguer et vous ennuyer peut-être?

— Pas du tout... nous prendrons un fiacre...

— Vraiment! Oh! comme ça m'amuserait d'aller en voiture si je n'avais pas de chagrin! Et il faut que j'en aie, du chagrin, car voilà la première fois depuis que je suis ici que je n'ai pas chanté de la journée... Mes oiseaux en sont tout interdits... Pauvres petites bêtes! ils ne savent pas ce que cela signifie : deux ou trois fois *papa Crétu* a chanté un peu pour m'agacer ; j'ai voulu lui répondre, ah! bien, oui! au bout d'une minute je me suis mise à pleurer... *Ramonette* à recommencé, mais je n'ai pas pu lui répondre davantage.

— Quels singuliers noms vous avez donnés à vos oiseaux : *Papa Crétu*, et *Ramonette !*

— Dame ! monsieur Rodolphe, mes oiseaux font la joie de ma solitude, ce sont mes meilleurs amis, je leur ai donné le nom des braves gens qui ont fait la joie de mon enfance et qui ont été aussi mes meilleurs amis; sans compter, pour achever la ressemblance, que *Papa Crétu* et *Ramonette* étaient gais et chantaient comme les oiseaux du bon Dieu.

— Ah ! maintenant... en effet... je me souviens... vos parents adoptifs s'appelaient ainsi...

— Oui, mon voisin, ces noms sont ridicules pour des oiseaux, je le sais, mais ça ne regarde que moi... Tenez, c'est encore à ce sujet-là que j'ai vu que Germain avait bien bon cœur.

— Comment donc?

— Certainement : M. Giraudeau et M. Cabrion... M. Cabrion surtout, étaient toujours à faire des plaisanteries sur les noms de mes oiseaux; appeler un serin *Papa Crétu*, voyez donc! M. Cabrion n'en revenait pas, et il partait de là pour faire des gorges chaudes à n'en plus finir... — Si c'était un coq — disait-il — à la bonne heure, vous pourriez l'appeler *Crétu*. C'est comme le nom de la serine : *Ramonette*, ça ressemble à *Ramona*. — Enfin, il m'a si fort impatientée, que j'ai été deux dimanches sans vouloir sortir avec lui pour lui apprendre... et je lui ai dit très-sérieusement que s'il recommençait ses moqueries, qui me faisaient de la peine, nous n'irions plus jamais ensemble.

— Quelle courageuse résolution!

— Ça m'a coûté... allez, monsieur Rodolphe, moi qui attendais mes sorties du dimanche comme le Messie : j'avais le cœur bien gros de rester toute seule par un temps superbe; mais c'est égal, j'aimais encore mieux sacrifier mon dimanche que de continuer à entendre M. Cabrion se moquer de ce que je respectais. Après ça, certainement que, sans l'idée que j'y attachais, j'aurais préféré donner d'autres noms à mes oiseaux... Tenez, il y a surtout un nom que j'aurais aimé à l'adoration... *Colibri*... Eh bien! je m'en suis privée, parce que jamais je n'appellerai les oiseaux que j'aurai autrement que *Crétu* et *Ramonette;* sinon il me semblerait que je sacrifie, que j'oublie mes bons parents adoptifs, n'est-ce pas, monsieur Rodolphe?

— Vous avez raison, mille fois raison... Et Germain ne se moquait pas de ces noms, lui?

— Au contraire... seulement, la première fois, ils lui ont semblé drôles, ainsi qu'à tout le monde : c'était tout simple; mais quand je lui ai expliqué mes raisons... comme je les avais pourtant expliquées à M. Cabrion, les larmes lui sont venues aux yeux. De ce jour-là je me suis dit : M. Germain est un bien bon cœur; il n'a contre lui que sa tristesse. Et voyez-vous, monsieur Rodolphe, ça m'a porté malheur de lui reprocher sa tristesse... Alors je ne comprenais pas qu'on pût être triste... maintenant je ne le comprends que trop... Mais voilà mon paquet fini, mon ouvrage prêt à emporter : voulez-vous me donner mon châle, mon voisin? il ne fait pas assez froid pour prendre un manteau, n'est-ce pas?

— Nous allons en voiture et je vous ramènerai...

— C'est vrai, nous irons et nous reviendrons plus vite; ce sera toujours ça de temps gagné.

— Mais, j'y songe, comment allez-vous faire? votre travail va souffrir de vos visites aux prisons?

— Oh que non! que non... j'ai fait mon compte... D'abord j'ai mes dimanches à moi; j'irai voir Louise et Germain ces jours-là, ça me servira de promenade et de distraction; ensuite, dans la semaine, je retournerai à la prison une ou deux autres fois; chacune me prendra trois bonnes heures, n'est-ce pas? Eh bien, pour me trouver à mon aise, je travaillerai une heure de plus par jour, je me coucherai à minuit au lieu de me coucher à onze heures, ça me fera un gain tout clair de sept ou huit heures par semaine que je pourrai dépenser pour aller voir Louise et Germain... Vous voyez, je suis plus riche que je n'en ai l'air — ajouta Rigolette en souriant.

— Et vous ne craignez pas que cela vous fatigue?

— Bah! je m'y ferai; on se fait à tout... et puis ça ne durera pas toujours.

— Voilà votre châle, ma voisine... Je ne serai pas aussi indiscret qu'hier, je n'approcherai pas trop mes lèvres de ce cou charmant...

— Ah mon voisin! hier, c'était hier, on pouvait rire... mais aujourd'hui, c'est différent... prenez garde de me piquer!

— Allons!... l'épingle est tordue.

— Eh bien, prenez-en une autre... là, sur la pelote... Ah! j'oubliais; voulez-vous être bien gentil, mon voisin?

— Ordonnez, ma voisine.

— Taillez-moi une bonne plume... bien grosse... pour que je puisse, en rentrant, écrire à ce pauvre Germain que ses commissions sont faites... Il aura ma lettre demain de bonne heure à sa prison, ça lui fera un bon réveil...

— Et où sont vos plumes?

— Là, sur la table... le canif est dans le tiroir... Attendez, je vais vous allumer ma bougie, car il commence à n'y plus faire clair.

— Ça ne sera pas de refus pour tailler la plume...

—Et puis il faut que je puisse attacher mon bonnet.

Rigolette fit pétiller une allumette chimique, et alluma un bout de bougie dans un petit bougeoir bien luisant.

— Diable!... de la bougie... ma voisine... quel luxe!

— Pour ce que j'en brûle, ça me coûte une idée plus cher que la chandelle, et c'est bien plus propre...

— Pas plus cher?

— Mon Dieu! non. J'achète ces bouts de bougie à la livre, et une demi-livre me fait fait presque mon année.

— Mais — dit Rodolphe en taillant soigneusement la plume, pendant que la grisette nouait son bonnet devant son miroir — je ne vois pas de préparatifs pour votre dîner?

— Je n'ai pas l'ombre de faim... J'ai pris une tasse de lait ce matin... j'en prendrai une ce soir... avec un peu de pain... j'en aurai bien assez.

— Vous ne voulez pas venir sans façon dîner avec moi, en sortant de chez Germain?

— Je vous remercie, mon voisin, j'ai le

cœur trop gros ; une autre fois... avec plaisir... Tenez, la veille du jour où ce pauvre Germain sortira de prison... je m'invite, et après vous me mènerez au spectacle. Est-ce dit?

— C'est dit, ma voisine; je vous assure que je n'oublierai pas cet engagement... Mais, aujourd'hui, vous me refusez?

— Oui, monsieur Rodolphe, je vous serais une compagnie trop maussade, sans compter que ça me prendrait beaucoup de temps. Pensez donc... c'est surtout maintenant qu'il ne faut pas que je fasse la paresseuse... et que je dépense un quart d'heure mal à propos.

— Allons, je renonce à ce plaisir... pour aujourd'hui...

— Tenez, voilà mon paquet, mon voisin; passez devant, je fermerai la porte.

— Voici une plume excellente... maintenant, votre paquet...

— Prenez garde de le chiffonner... c'est du pou-de-soie... ça garde le pli... tenez-le à votre main... comme ça... légèrement... Bien... Passez... je vous éclairerai.

Et Rodolphe descendit, précédé de Rigolette.

Au moment où le voisin et la voisine passèrent devant la loge du portier, ils virent M. Pipelet qui, les bras pendants, s'avançait vers eux du fond de l'allée ; d'une main il tenait l'enseigne qui annonçait au public qu'il ferait *commerce d'amitié* avec Cabrion, de l'autre main il tenait le portrait du damné peintre.

Le désespoir d'Alfred était si écrasant, que son menton touchait à sa poitrine, et qu'on n'apercevait que le fond immense de son chapeau tromblon.

En le voyant venir ainsi, la tête baissée, vers Rodolphe et Rigolette, on eût dit un bélier ou un brave champion breton se préparant au combat...

Anastasie parut bientôt sur le seuil de sa loge, et s'écria à l'aspect de son mari :

— Eh bien! vieux chéri ?.. te voilà donc!.. qu'est-ce qu'il t'a dit, le commissaire ?.. Alfred !.. Alfred !.. mais fais donc attention, tu vas *poquer* dans mon roi des locataires... qui te crève les yeux... Pardon, monsieur Rodolphé... c'est ce gueux de Cabrion qui l'abrutit de plus en plus... Il le fera, bien sûr, tourner en bourrique... ce vieux chéri!! Alfred! mais réponds donc.

A cette voix chère à son cœur, M. Pipelet releva la tête; ses traits étaient empreints d'une sombre amertume.

— Qu'est-ce qu'il t'a dit, le commissaire?— reprit Anastasie.

— Anastasie, il faudra rassembler le peu que nous possédons, serrer nos amis dans nos bras, faire nos malles... et nous expatrier... de Paris... de la France... de ma belle France! car, sûr maintenant de l'impunité, le monstre est capable de me poursuivre partout.... dans toute l'étendue des départements du royaume...

— Comment! le commissaire?

— Le commissaire! — s'écria M. Pipelet avec une indignation courroucée, — le commissaire!.. il m'a ri au nez...

— A toi... un homme d'âge, qui a l'air si respectable que tu en paraîtrais bête comme une oie si on ne connaissait pas tes vertus!..

— Eh bien! malgré cela, lorsque j'eus respectueusement déposé par-devant lui mon amas de plaintes et de griefs contre cet infernal Cabrion... ce magistrat, après avoir regardé en riant... oui, en riant... et, j'ose le dire, en riant indécemment... l'enseigne et le portrait que j'apportais comme pièces justificatives, ce magistrat m'a répondu :

— « Mon brave homme, ce Cabrion est un très-drôle de corps, c'est un mauvais farceur; ne faites pas attention à ses plaisanteries. Je vous conseille, moi, tout bonnement d'en rire, car il y a vraiment de quoi ! »

— « D'en rire, *môssieur !* — me suis-je écrié — d'en rire !.. mais le chagrin me dévore... mais ce gueux-là empoisonne mon existence... il m'affiche, il me fera perdre la raison... Je demande qu'on l'enferme, qu'on l'exile... au moins de ma rue. »

— A ces mots, le commissaire a souri et m'a obligeamment montré la porte... J'ai compris ce geste du magistrat... et me voici.

— Magistrat de rien du tout !.. — s'écria madame Pipelet.

— Tout est fini, Anastasie... tout est fini... plus d'espoir ! Il n'y a plus de justice en France... je suis atrocement sacrifié !..

Et pour péroraison, M. Pipelet lança de toutes ses forces l'enseigne et le portrait au fond de l'allée...

Rodolphe et Rigolette avaient, dans l'ombre, un peu souri du désespoir de M. Pipelet.

Après avoir adressé quelques mots de consolation à Alfred, qu'Anastasie calmait de son mieux, le *roi des locataires* quitta la maison de la rue du Temple avec Rigolette, et tous deux montèrent en fiacre pour se rendre chez François Germain.

CHAPITRE XVI.

LE TESTAMENT.

François Germain demeurait boulevard Saint-Denis, n° 11. Nous rappellerons au lecteur, qui l'a sans doute oublié, que madame Matthieu, la courtière en diamants dont nous avons parlé à propos de Morel le lapidaire, logeait dans la même maison que Germain.

Pendant le long trajet de la rue du Temple à la rue Saint-Honoré, où demeurait la maîtresse couturière à qui Rigolette avait d'abord voulu rapporter son ouvrage, Rodolphe put apprécier davantage encore l'excellent naturel de la jeune fille. Ainsi que les caractères instinctivement bons et dévoués, elle n'avait pas la conscience de la délicatesse, de la générosité de sa conduite, qui lui semblait fort simple.

Rien n'eût été plus facile à Rodolphe que de libéralement assurer le présent et l'avenir de Rigolette, et de la mettre ainsi à même d'aller charitablement consoler Louise et Germain, sans qu'elle se préoccupât du *temps* que ses visites dérobaient à son travail, son unique ressource; mais le prince craignait d'affaiblir le mérite du dévouement de la grisette en le rendant trop facile; bien décidé à récompenser les qualités rares et charmantes qu'il avait découvertes en elle, il voulait la suivre jusqu'au terme de cette nouvelle et intéressante épreuve.

Est-il besoin de dire que, dans le cas où la santé de la jeune fille se fût le moins du monde altérée par le surcroît de travail qu'elle s'imposait vaillamment pour consacrer quelques heures chaque semaine à la fille du lapidaire et au fils du Maître d'école, Rodolphe fût à l'instant venu au secours de sa protégée?

Il étudiait avec autant de bonheur que d'émotion ce caractère si naturellement heureux et si peu habitué au chagrin, que çà et là un éclair de gaieté venait l'illuminer encore.

LE TESTAMENT.

Au bout d'une heure environ, le fiacre, de retour de la rue Saint-Honoré, s'arrêta boulevard Saint-Denis, n° 11, devant une maison de modeste apparence.

Rodolphe aida Rigolette à descendre; celle-ci entra chez le portier, et lui communiqua les intentions de Germain, sans oublier la gratification promise. Grâce à l'aménité de son caractère, le fils du Maître d'école était partout aimé. Le *confrère* de M. Pipelet fut consterné d'apprendre que la maison perdait un locataire si honnête et si tranquille... Telles furent ses expressions.

La grisette, munie d'une lumière, rejoignit son compagnon, le portier ne devant monter que quelque temps après pour recevoir ses dernières instructions.

La chambre de Germain était située au quatrième étage. En arrivant devant la porte, Rigolette dit à Rodolphe, en lui donnant la clef :

— Tenez, mon voisin... ouvrez; la main me tremble trop... Vous allez vous moquer de moi; mais, en pensant que ce pauvre Germain ne reviendra plus jamais ici... il me semble que je vais entrer dans la chambre d'un mort...

— Soyez donc raisonnable, ma voisine, n'ayez pas de ces idées-là!

— J'ai tort, mais c'est plus fort que moi...

Et elle essuya une larme.

Sans être aussi ému que sa compagne, Rodolphe éprouvait néanmoins une impression pénible en pénétrant dans ce modeste réduit. Sachant de quelles détestables obsessions les complices du Maître d'école avaient poursuivi et poursuivaient peut-être encore Germain, il pressentait que cet infortuné avait dû passer de bien tristes heures dans cette solitude.

Rigolette posa la lumière sur une table.

Rien de plus simple que l'ameublement de cette chambre de garçon, composé d'une couchette, d'une commode, d'un secrétaire de noyer, de quatre chaises de paille et d'une table; des rideaux de coton blanc drapaient les fenêtres et l'alcôve; pour tout ornement on voyait sur la cheminée une carafe et un verre.

A l'affaissement du lit qui n'était pas défait, on s'apercevait que Germain avait dû s'y jeter quelques instants tout habillé pendant la nuit qui avait précédé son arrestation.

— Pauvre garçon ! — dit tristement Rigolette en examinant avec intérêt l'intérieur de la chambre — on voit bien qu'il ne m'a plus pour sa voisine... C'est rangé, mais ça n'est pas soigné ; il y a de la poussière partout, les rideaux sont enfumés, les vitres sont ternes, le carreau n'est pas ciré... Ah ! quelle différence !.. rue du Temple, ça n'était pas plus beau, mais c'était plus gai, parce que tout brillait de propreté, comme chez moi...

— C'est qu'aussi vous étiez là... pour donner vos avis.

— Mais voyez donc ! — s'écria Rigolette en montrant le lit — il ne s'est pas couché l'autre nuit, tant il était inquiet ! Tenez, ce mouchoir qu'il a laissé là, il a été tout trempé de larmes. Ça se voit bien... — Et elle le prit en ajoutant : — Germain a gardé une petite cravate de soie orange que je lui ai donnée quand nous étions heureux ; moi, je garderai ce mouchoir en souvenir de ses malheurs ; je suis sûre qu'il ne s'en fâchera pas...

— Au contraire, il sera très-heureux de ce témoignage de votre affection.

— Maintenant songeons aux choses sérieuses : je ferai tout à l'heure un paquet du linge que je trouverai dans la commode, afin de le lui porter en prison ; la mère Bouvard, que j'enverrai ici demain, s'arrangera du reste... Je vais d'abord ouvrir le secrétaire pour y prendre les papiers et l'argent que Germain me prie de lui garder.

— Mais j'y songe— dit Rodolphe—Louise Morel m'a remis hier les 1,300 francs en or que Germain lui avait donnés pour acquitter la dette du lapidaire, que j'avais déjà payée ; j'ai cet argent : il appartient à Germain, puisqu'il a remboursé le notaire ; je vais vous le remettre, vous le joindrez à celui dont vous allez être dépositaire.

— Comme vous voudrez, monsieur Rodolphe ; pourtant, j'aimerais presque autant ne pas avoir chez moi une si grosse somme, il y a tant de voleurs maintenant !.. Des papiers, à la bonne heure... on n'a rien à craindre, mais de l'argent... c'est dangereux...

— Vous avez peut-être raison, ma voisine,

voulez-vous que je me charge de cette somme ? Si Germain a besoin de quelque chose, vous me le ferez savoir tout de suite ; je vous laisserai mon adresse et je vous enverrai ce qu'il vous demandera.

— Tenez, mon voisin, je n'aurais pas osé vous prier de nous rendre ce service ; cela vaut bien mieux ; je vous remettrai aussi ce qui proviendra de la vente des effets... Voyons donc ces papiers — dit la jeune fille en ouvrant le secrétaire et plusieurs tiroirs. — Ah ! c'est probablement cela... Voici une grosse enveloppe. Ah ! mon Dieu !.. voyez donc, monsieur Ropolphe, comme c'est triste ce qu'il y a d'écrit dessus.

Et elle lut d'une voix émue :

« Dans le cas où je mourrais de mort violente ou autrement, je prie la personne qui ouvrira ce secrétaire de porter ces papiers chez mademoiselle Rigolette, couturière, rue du Temple, n° 17. »

— Est-ce que je puis décacheter cette enveloppe, monsieur Rodolphe ?

— Sans doute, Germain ne vous annonce-t-il pas qu'il y a parmi les papiers qu'elle contient une lettre qui vous est particulièrement adressée?

La jeune fille rompit le cachet, plusieurs écrits s'y trouvaient renfermés; l'un d'eux, portant cette suscription : *A mademoiselle Rigolette*, contenait ces mots :

« Mademoiselle, lorsque vous lirez cette lettre je n'existerai plus... Si, comme je le crains, je meurs de mort violente en tombant dans un guet-apens semblable à celui auquel j'ai dernièrement échappé, quelques renseignements joints ici sous le titre de : *Note sur ma vie*, pourront mettre sur la trace de mes assassins... »

— Ah! monsieur Rodolphe — dit Rigolette en s'interrompant — je ne m'étonne plus maintenant de ce qu'il était si triste !.. Pauvre Germain ! toujours poursuivi de pareilles idées !..

— Oui, il a dû être bien affligé; mais ses plus mauvais jours sont passés... croyez-moi...

— Hélas ! je le désire, monsieur Rodolphe; mais pourtant être en prison... accusé de vol...

— Soyez tranquille : une fois son innocence reconnue, au lieu de retomber dans l'isolement... il retrouvera des amis... Vous d'abord, puis une mère bien-aimée, dont il a été séparé depuis son enfance.

— Sa mère !.. Il a encore sa mère ?

— Oui... Elle le croyait perdu pour elle. Jugez de sa joie lorsqu'elle le reverra, mais absous de l'indigne accusation portée contre lui ! J'avais donc raison de vous dire que ses plus mauvais jours étaient passés. Ne lui parlez pas de sa mère. Je vous confie ce secret, parce que vous vous intéressez si généreusement à Germain, qu'il faut au moins qu'à votre dévouement ne se joignent pas de trop cruelles inquiétudes sur son sort à venir.

— Je vous remercie, monsieur Rodolphe, vous pouvez être tranquille, je garderai votre secret...

Et Rigolette continua de lire la lettre de Germain.

« Si vous voulez, mademoiselle, jeter un coup d'œil sur ces notes, vous verrez que j'ai été toute ma vie bien malheureux... excepté pendant le temps que j'ai passé auprès de vous... Ce que je n'aurais jamais osé vous dire, vous le trouverez écrit dans une espèce de *memento* intitulé : *Mes seuls jours de bonheur*.

» Presque chaque soir, en vous quittant, j'épanchais ainsi les consolantes pensées que votre affection m'inspirait, et qui seules adoucissaient l'amertume de ma vie... Ce qui était amitié chez vous était de l'amour chez moi... Je vous ai caché que je vous aimais ainsi jusqu'à ce moment où je ne suis plus pour vous qu'un triste souvenir... Ma destinée était si malheureuse, que je ne vous aurais jamais parlé de ce sentiment ; quoique sincère et profond, il vous eût porté malheur...

» Il me reste un dernier vœu à former, et j'espère que vous voudrez bien l'accomplir.

» J'ai vu avec quel courage admirable vous travaillez, et combien il vous fallait d'ordre, de sagesse, pour vivre du modique salaire que vous gagnez si péniblement ; souvent, sans vous le dire, j'ai tremblé en pensant qu'une maladie, causée peut-être par l'excès du labeur, pouvait vous réduire à une position si affreuse que je ne pouvais l'envisager sans frémir... Il m'est bien doux de penser que je pourrai du moins vous épargner en grande partie les tourments et peut-être... les misères que votre insouciante jeunesse ne prévoit pas, heureusement. »

— Que veut-il dire, monsieur Rodolphe? — dit Rigolette étonnée.

— Continuez... nous allons voir...

Rigolette reprit :

« Je sais de combien peu vous vivez et de quelle ressource vous serait, en des temps difficiles, la plus modique somme ; je suis bien pauvre, mais, à force d'économie, j'ai mis de côté 1,500 francs, placés chez un banquier; c'est tout ce que je possède. Par mon testament que vous trouverez ici, je me permets de vous les léguer ; acceptez cela d'un ami, d'un bon frère... qui n'est plus. »

— Ah ! monsieur Rodolphe ! — dit Rigolette en fondant en larmes et donnant la lettre au prince — cela me fait trop de mal... Bon Germain, s'occuper ainsi de mon avenir!... ah ! quel cœur, mon Dieu ! quel cœur excellent !

— Digne et brave jeune homme ! — reprit Rodolphe avec émotion. — Mais calmez-vous, mon enfant; Dieu merci, Germain n'est pas mort, ce testament anticipé aura du moins servi à vous apprendre combien il vous aimait... combien il vous aime...

— Et dire, monsieur Rodolphe — reprit Rigolette en essuyant ses larmes — que je ne m'en étais jamais doutée ! Dans les commencements de notre voisinage, M. Giraudeau et M. Cabrion me parlaient toujours de leur *passion enflammée*, comme ils disaient ; mais, voyant que ça ne les menait à rien, ils s'étaient déshabitués de me dire de ces choses-là ; Germain, au contraire, ne m'avait jamais parlé d'amour. Quand je lui ai proposé d'être bons amis, il a franchement accepté, et depuis nous avons vécu en vrais camarades. Mais, tenez... je peux bien vous avouer cela maintenant, monsieur Rodolphe, certainement je n'étais pas fâchée que Germain ne m'eût pas dit, comme les autres, qu'il m'aimait d'amour...

— Mais, enfin, vous en étiez... étonnée ?

— Oui, monsieur Rodolphe, je pensais que c'était sa tristesse... qui le rendait ainsi...

— Et vous lui en vouliez un peu... de cette tristesse ?

— C'était son seul défaut — dit naïvement

la grisette; — mais maintenant je l'excuse... je m'en veux même de la lui avoir reprochée...

— D'abord parce que vous savez qu'il avait malheureusement beaucoup de sujets de chagrin, et puis... peut-être parce que vous voilà certaine que, malgré cette tristesse... il vous aimait d'amour? — ajouta Rodolphe en souriant.

— C'est vrai... être aimée d'un si brave jeune homme, ça flatte le cœur... n'est-ce pas, monsieur Rodolphe?

— Et un jour peut-être vous partagerez cet amour.

— Damé! monsieur Rodolphe, c'est bien tentant; ce pauvre Germain est si à plaindre! Je me mets à sa place... si, au moment où je me croyais abandonnée, méprisée de tout le monde, une personne, bien amie, venait à moi encore plus tendre que je ne l'espérais, je serais si heureuse! — Après un moment de silence, Rigolette reprit avec un soupir : — D'un autre côté... nous sommes si pauvres tous les deux que ça ne serait peut-être pas raisonnable... Tenez, monsieur Rodolphe, je ne veux pas penser à cela, je me trompe peut-être; ce qu'il y a de sûr, c'est que je ferai pour Germain tout ce que pourrai tant qu'il restera en prison. Une fois libre, il sera toujours temps de voir si c'est de l'amour ou de l'amitié que j'aurai pour lui; alors, si c'est de l'amour... que voulez-vous, mon voisin... ça sera de l'amour... Jusque-là ça me gênerait de savoir à quoi m'en tenir. Mais il se fait tard, monsieur Rodolphe; voulez-vous rassembler ces papiers pendant que je vais faire un paquet du linge?... Ah! j'oubliais le sachet renfermant la petite cravate orange que je lui ai donnée. Il est dans ce tiroir, sans doute. Oui, le voilà... Oh! voyez donc comme il est joli, ce sachet, et tout brodé!... Pauvre Germain, il l'a gardée comme une relique, cette petite cravate!... Je me rappelle bien la dernière fois où je l'ai mise, et quand je la lui ai donnée. Il a été si content, si content!...

A ce moment on frappa à la porte de la chambre.

— Qui est-là? — demanda Rodolphe.

— On voudrait parler à *m'ame* Matthieu — répondit une voix grêle et enrouée, avec l'accent qui distingue la plus basse populace.

(Madame Matthieu était la courtière en diamants dont nous avons parlé.)

Cette voix, singulièrement accentuée, éveilla quelques vagues souvenirs dans la pensée de Rodolphe. Voulant les éclaircir, il prit la lumière et alla lui-même ouvrir la porte. Il se trouva face à face avec un des habitués du tapis-franc de l'ogresse, qu'il reconnut sur-le-champ, tant l'empreinte du vice était fatalement, profondément marquée sur cette physionomie imberbe et juvénile : c'était *Barbillon*.

Barbillon, le faux cocher de fiacre qui avait conduit le Maître d'école et la Chouette au chemin creux de Bouqueval; Barbillon, l'assassin du mari de cette malheureuse laitière qui avait ameuté contre la Goualeuse les laboureurs de la ferme d'Arnouville.

Soit que ce misérable eût oublié les traits de Rodolphe, qu'il n'avait vu qu'une fois au tapis-franc de l'ogresse, soit que le changement de costume l'empêchât de reconnaître le *vainqueur du Chourineur*, il ne manifesta aucun étonnement à son aspect.

— Que voulez-vous? — lui dit Rodolphe.
— C'est une lettre pour *m'ame* Matthieu...

Faut que je lui remette à elle-même — répondit Barbillon.

— Ce n'est pas ici qu'elle demeure; voyez en face — dit Rodolphe.

— Merci, bourgeois; on m'avait dit la porte à gauche, je me suis trompé.

Rodolphe ne se souvenait pas du nom de la courtière en diamants, que Morel le lapidaire n'avait prononcé qu'une ou deux fois. Il n'avait donc aucun motif de s'intéresser à la femme auprès de laquelle Barbillon venait comme messager. Néanmoins, quoiqu'il ignorât les crimes de ce bandit, sa figure avait un tel caractère de perversité, qu'il resta sur le seuil de la porte, curieux de voir la personne à qui Barbillon apportait cette lettre.

A peine Barbillon eut-il frappé à la porte opposée à celle de Germain, qu'elle s'ouvrit, et que la courtière, grosse femme de cinquante ans environ, y parut tenant une chandelle à la main.

— M'ame Matthieu? — dit Barbillon.

— C'est moi, mon garçon.

— Voilà une lettre, il y a réponse...

Et Barbillon fit un pas pour entrer chez la

courtière; mais celle-ci lui fit signe de ne pas avancer, décacheta la lettre tout en tenant son flambeau, lut et répondit d'un air satisfait :

— Vous direz que c'est bon, mon garçon; j'apporterai ce qu'on demande. J'irai à la même heure que l'autre fois. Bien des compliments... à cette dame...

— Oui, ma bourgeoise... n'oubliez pas le commissionnaire...

— Va demander à ceux qui t'envoient, ils sont plus riches que moi...

Et la courtière ferma sa porte.

Rodolphe rentra chez Germain, voyant Barbillon descendre rapidement l'escalier.

Le brigand trouva sur le boulevard un homme d'une mine basse et féroce, qui l'attendait devant une boutique.

Quoique plusieurs personnes pussent l'entendre, mais non le comprendre, il est vrai, Barbillon semblait si satisfait qu'il ne put s'empêcher de dire à son compagnon :

— Viens *pitancher l'eau d'aff*, Nicolas; *la birbasse fauche dans le point* à mort... elle *aboulera* chez la Chouette; la mère Martial nous aidera à lui *pessiller d'esbrouffe ses durailles d'orphelin*, et après nous *trimballerons le refroidi* dans ton *passe-lance* (1).

— *Esbignons-nous* (2) alors; faut que je sois à Asnières de bonne heure; je crains que mon frère Martial se doute de quelque chose.

Et les deux bandits, après avoir tenu cette conversation inintelligible pour ceux qui auraient pu les écouter, se dirigèrent vers la rue Saint-Denis.

. . . .

Quelques moments après, Rigolette et Rodolphe sortirent de chez Germain, remontèrent en fiacre et arrivèrent rue du Temple.

Le fiacre s'arrêta.

Au moment où la portière s'ouvrit, Rodolphe reconnut, à la lueur des quinquets du rogomiste, son fidèle Murph qui l'attendait à la porte de l'allée.

La présence du squire annonçait toujours quelque événement grave ou inattendu, car lui seul savait où trouver le prince.

(1) **Viens** *boire de l'eau-de-vie*, **Nicolas** ; *la vieille donne dans le piége* à mort ; elle *viendra* chez la Chouette ; la mère Martial nous aidera *à lui prendre de force ses pierreries*, et après nous *emporterons le cadavre dans ton bateau.*

(2) **Dépêchons-nous.**

— Qu'y a-t-il? — lui demanda vivement Rodolphe pendant que Rigolette rassemblait plusieurs paquets dans la voiture.

— Un grand malheur, monseigneur!

— Parle, au nom du ciel!

— M. le marquis d'Harville...

— Tu m'effraies!

— Il avait donné ce matin à déjeuner à plusieurs de ses amis... Tout s'était passé à merveille... lui surtout n'avait jamais été plus gai, lorsqu'une fatale imprudence...

— Achève... achève donc!

— En jouant avec un pistolet qu'il ne croyait pas chargé...

— Il s'est blessé grièvement?

— Monseigneur!...

— Eh bien?...

— Quelque chose de terrible!

— Que dis-tu?

— Il est mort!..

— D'Harville!! ah! c'est affreux! — s'écria Rodolphe avec un accent si déchirant que Rigolette, qui descendait alors du fiacre avec ses paquets, s'écria :

— Mon Dieu!.. qu'avez-vous, monsieur Rodolphe?

— Une bien triste nouvelle que je viens d'apprendre à mon ami, mademoiselle — dit Murph à la jeune fille; car le prince, accablé, ne pouvait répondre.

— C'est donc un bien grand malheur? — dit Rigolette toute tremblante.

— Un bien grand malheur — répondit le squire.

— Ah! c'est épouvantable! — dit Rodolphe après quelques minutes de silence; — puis, se ressouvenant de Rigolette, il lui dit :

— Pardon, mon enfant... si je ne vous accompagne pas chez vous... Demain... je vous enverrai mon adresse et un permis pour entrer à la prison de Germain... bientôt je vous reverrai.

— Ah! monsieur Rodolphe, je vous assure que je prends bien part au chagrin qui vous arrive... Je vous remercie de m'avoir accompagnée... A bientôt, n'est-ce pas?

— Oui, mon enfant, à bientôt.

— Bonsoir, monsieur Rodolphe — ajouta tristement Rigolette, qui disparut dans l'allée, avec les différents objets qu'elle rapportait de chez Germain.

Le prince et Murph montèrent dans le fiacre, qui les conduisit rue Plumet.

Aussitôt Rodolphe écrivit à Clémence le billet suivant :

« Madame,

» J'apprends à l'instant le coup inattendu qui vous frappe et qui m'enlève un de mes meilleurs amis; je renonce à vous peindre ma stupeur, mon chagrin.

» Il faut pourtant que je vous entretienne d'intérêts étrangers à ce cruel événement... Je viens d'apprendre que votre belle-mère, à Paris depuis quelques jours sans doute, repart ce soir pour la Normandie, emmenant avec elle *Polidori*.

» C'est vous dire le péril qui sans doute menace monsieur votre père. Permettez-moi de vous donner un conseil que je crois salutaire. Après l'affreux malheur de ce matin, on ne comprendra que trop votre besoin de quitter Paris pendant quelque temps... Ainsi, croyez-moi, partez, partez à l'instant pour les Aubiers, afin d'y d'arriver, sinon avant votre belle-mère, du moins en même temps qu'elle. Soyez tranquille, madame : de près comme de loin je veille sur vous... les abominables projets de votre belle-mère seront déjoués...

» Adieu, madame, je vous écris ces mots à la hâte... J'ai l'âme brisée quand je songe à cette soirée d'hier où je l'*ai* quitté, *lui*... plus tranquille, plus heureux qu'il ne l'avait été depuis long-temps...

» Croyez, madame, à mon dévouement profond et sincère.

» RODOLPHE. »

Suivant les avis du prince, madame d'Harville, trois heures après avoir reçu cette lettre, était en route avec sa fille pour la Normandie.

Une voiture de poste, partie de l'hôtel de Rodolphe, suivait la même route.

Malheureusement, dans le trouble où la plongèrent cette complication d'événements et la précipitation de son départ, Clémence oublia de faire savoir au prince qu'elle avait rencontré Fleur-de-Marie à Saint-Lazare...

On se souvient peut-être que, la veille, la Chouette était venue menacer madame Séraphin de dévoiler l'existence de la Goualeuse affirmant savoir (et elle disait vrai) où était alors cette jeune fille.

On se souvient encore qu'après cet entretien le notaire Jacques Ferrand, craignant la révélation de ses criminelles menées, se crut un puissant intérêt à faire disparaître la Goualeuse, dont l'existence, une fois connue, pouvait le compromettre dangereusement.

Il avait donc fait écrire à Bradamanti, un de ses complices, de venir le trouver pour tramer avec lui une nouvelle machination, dont Fleur-de-Marie devait être la victime.

Bradamanti, occupé des *intérêts* non moins pressants de la belle-mère de madame d'Harville, qui avait de sinistres raisons pour emmener le charlatan auprès de M. d'Orbigny, Bradamanti, trouvant sans doute plus d'avantage à servir son ancienne amie, ne se rendit pas à l'invitation du notaire, et partit pour la Normandie sans voir madame Séraphin.

L'orage grondait sur Jacques Ferrand; dans la journée, la Chouette était venue réitérer ses menaces, et, pour prouver qu'elles n'étaient pas vaines, elle avait déclaré au notaire que la petite fille autrefois abandonnée par madame Séraphin était alors prisonnière à Saint-Lazare sous le nom de la Goualeuse, et que s'il ne donnait pas 10,000 francs dans trois jours, cette jeune fille recevrait des papiers qui lui apprendraient qu'elle avait été dans son enfance confiée aux soins de Jacques Ferrand.

Selon son habitude, ce dernier nia tout avec audace, et chassa la Chouette comme une effrontée menteuse, quoiqu'il fût convaincu et effrayé de la dangereuse portée de ses menaces.

Grâce à ses nombreuses relations, le notaire trouva moyen de s'assurer dans la journée même (pendant l'entretien de Fleur-de-Marie et de madame d'Harville) que la Goualeuse était en effet prisonnière à Saint-Lazare, et si parfaitement citée pour sa bonne conduite, qu'on s'attendait à voir cesser sa détention d'un moment à l'autre.

Muni de ces renseignements, Jacques Ferrand, ayant mûri un projet diabolique, sentit que, pour l'exécuter, le secours de Bradamanti lui était de plus en plus indispensable; de là les vaines instances de madame Séraphin pour rencontrer le charlatan.

Apprenant le soir même le départ de ce dernier, le notaire, pressé d'agir par l'imminence de ses craintes et du danger, se souvint de la famille Martial, ces pirates d'eau douce établis près du pont d'Asnières, chez lesquels Bradamanti lui avait proposé d'envoyer Louise Morel pour s'en défaire impunément.

Ayant absolument besoin d'un complice pour accomplir ses sinistres desseins contre Fleur-de-Marie, le notaire prit les précautions les plus habiles pour n'être pas compromis dans le cas où un nouveau crime serait commis, et, le lendemain du départ de Bradamanti pour la Normandie, madame Séraphin se rendit en hâte chez Martial.

FIN DE LA CINQUIÈME PARTIE.

TABLE DES CHAPITRES.

Chap. Ier. Dénonciation.	1
II. Conseils	19
III. Le piége	35
IV. Réflexions.	45
V. Projets d'avenir	53
VI. Déjeuner de garçons	73
VII. Saint-Lazare	99
VIII. Mont-Saint-Jean.	129
IX. La Louve et la Goualeuse.	155
X. Châteaux en Espagne	183
XI. La protectrice.	215
XII. Une intimité forcée	241
XIII. Cécily.	269
XIV. Le premier chagrin de Rigolette.	291
XV. Amitié.	317
XVI. Le testament	339

www.ingramcontent.com/pod-product-compliance
Lightning Source LLC
Chambersburg PA
CBHW050548170426
43201CB00011B/1605